［新装版］

心を高める、経営を伸ばす

素晴らしい人生をおくるために

稲盛和夫

PHP

はじめに

若いときには、両親や先生、あるいは職場の上司から注意されたり、何かを教わったりしても、反発をしたくなるものです。私も親から「若《わ》とっ《け》の（若いときの）難儀は、買《こ》うてでんせい（買ってでもしろ）」と言われても素直に聞けず、「若《わけ》とっの難儀は、売ってでんすっな（売ってでもするな）」と反発したものです。

青年時代というのは、もともと反発精神も強いものですから構わないのですが、親をはじめ人生の先輩から言われたことを、頭の隅に置いておくことだけは、絶対に忘れてはなりません。

自分で人生を歩き始めるということは、海図もない大海に漕ぎ出していくようなものです。そのとき、人生の先輩から教わったことが羅針盤（コンパス）として思い出されるような準備だけはしておくべきです。

私がここで書いていることも同じことです。若い皆さんの中には、反発を覚えたり、興味を持てないという方もあるかもしれません。しかし、皆さんが仕事や人生の途上で障害に行き当たったときに、ぜひ私の話を思い起こしていただきたいのです。

なぜなら、これらは私が仕事で苦しみ、人生で悩み、真剣に考える中で、学び取ったものだからです。皆さんにとって決して無縁なものではないはずです。

平成元年四月　　稲盛和夫

［新装版］

心を高める、経営を伸ばす

目次

はじめに

素晴らしい人生をおくるために

働く喜びを見つけるために

困難に打ち勝つために

正しい判断をするために

仕事を向上させるために

自分を高めるために

新しいことを成し遂げるために

部下・後輩を持ったときのために

心をベースとした企業とするために

新たな活路を開くために

事業を伸ばすために

経営の王道を歩むために

装幀——石間　淳

〔新装版〕

心を高める、経営を伸ばす

素晴らしい人生をおくるために

人生というドラマを描く

人生とはドラマであり、それを演ずる主役が自分なのです。一生かけてどういうドラマを描くかが、私たちに問われているのです。

運命は生まれたときから決まっていると言われるかもしれません。しかし私は、自分の心、精神を高めていくことによって、運命をも変えることができると信じています。素晴らしい心根《こころね》というものは、必ず天に通じていくからです。

つまり、運命に抗するというのではなく、心と精神をつくっていくことで、おのずから、自分の書いた脚本でドラマを演ずる主役に皆さんがなれるのです。このことに早く気づいて、自分を大事に、一日一日、一瞬一瞬を真摯《しんし》に生きてほしいと思います。

それには、自分を変え、成長させていくような衝撃的なきっかけが必要です。そのようなきっかけは、人生の節々にあるはずですが、受け取る側のエネルギーが高まっていなければ、魂を揺さぶるようなきっかけでも、何事もなく過ぎ去ってしまいます。

怠惰《たいだ》に目的意識もなく生きた人と、真剣に生きた人では、人生というドラマの展開は大きく変わってくるのです。

人生の目的を求める

人生の目的を見失って、刹那《せつな》的に生きようとする若者が増えています。会社に入っても、生活の糧としての給料をもらうために仕事をするだけで、趣味やレジャーに生きがいを求める人も多くなっています。時代の流れですから、無理もないのかもしれません。しかし、それはかりでは空しくなってしまうでしょう。しばらくは面白いかもしれませんが、結局はみんなもっと高いレベルの目的を求めるはずです。

私は、自分がそうであったように、「仕事に打ち込んで、世の中に役立ち、自分自身も幸せだった」と感じられる生き方が、時代がどう変わろうと、最終的にはみんなが求めているものではないかと思います。世の中がどのように変わっても、善を追求するという人間の本質は変わらないからです。

中には、この考え方に反発する人もいるかもしれません。それでも私は、この生き方を今後も説いていこうと考えています。

人生経験を積んだはずの三十代後半から上の人たちが自信を失って、世の中が変わったとか、古い話は通じないと思い込み、人生について話していないのがおかしいのです。自信を持って自分の生き方を話していけば、若い人も共鳴してくれるはずだと私は信じています。

真剣勝負で生きる

私は、競馬、競輪の類《たぐい》は一切しません。人生という長丁場《ながちょうば》の舞台で、生きている毎日、いや瞬間瞬間が真剣勝負だと思っていますから、ギャンブルで勝った負けたには興味がないのです。

そして、自ら望んで人生を賭けた大勝負をしていますから、仕事が楽しくて仕方がないのです。もし、やらされている仕事だったら、毎日がしんどくてたまらず、他に楽しみを求めたことでしょう。

私は、まじめくさった聖人君子《せいじんくんし》になれ、と皆さんに言うつもりはありません。また、遊びをするからだめな人間だと思うような、けちな料簡《りようけん》は持ち合わせていないつもりです。

遊んでも一向に構いません。自分の人生にプラスになる遊びならいいのです。しかし、現実にはそれは難しいことです。また、いくら遊びと仕事を両立させているといっても、二またかけて立派な仕事ができるほど、人生や仕事は、簡単でも、甘いものでもありません。

自分から仕事をする楽しみを見いだしていかなければ、遊びにおぼれて人生の本来の目的を見失ってしまう、ということだけは忘れてはなりません。

人生を考える機会を持つ

アメリカの子どもたちは、高校までは自由闊達《かったつ》に、人間性を養うような教育を受けてきているのではないでしょうか。その期間は、彼らにとって、「何かをしたい」という意欲、いわば人生の目標を醸成《じょうせい》するときではないかと思います。

そして彼らは大学に入り、目標達成に必要な基礎学問を猛烈に勉強し始めるのです。実際に、アメリカの学生は目的意識をしっかり持っており、目標とはっきり関連づけた学問をやっています。

その点日本の学校では、子どもに対して自分の人生目標をどのように設定するかということを説くことはありません。先生方の中にも、受験などの擬似目標だけで生きてきて、何となく先生になったというような人もいるようですから、無理もありません。

「自分はどういう人間なのか」「人生をどう生きたらいいのだろうか」ということを考える機会が、人生の入り口ではどうしても必要です。この経験が、人生の目標を導くのです。

人生に対する目標を持った人と、持たない人とでは、人生の後半では相当な差がついてしまうはずです。

人生・仕事の結果＝考え方×熱意×能力

この公式は、平均的な能力しか持たない人間が偉大なことをなしうる方法はないだろうかという問いに、私が自らの体験を通じて答えたものです。

能力とは、頭脳のみならず健康や運動神経も含みますが、多分に先天的なものです。しかし、熱意は、自分の意志で決められます。この能力と熱意はそれぞれ〇点から一〇〇点まであり、それが積《せき》でかかると考えると、自分の能力を鼻にかけ、努力を怠った人よりも、自分には頭抜《ずぬ》けた能力がないと思って誰よりも情熱を燃やして努力した人の方が、はるかに素晴らしい結果を残すことができるのです。

そして、これに考え方が加わります。考え方とは、人間としての生きる姿勢であり、マイナス一〇〇点からプラス一〇〇点までありま す。つまり、世をすね、世を恨《うら》み、まともな生き様を否定するような生き方をすれば、マイナスがかかり、人生や仕事の結果は、能力があればあるだけ、熱意が強ければ強いだけ、大きなマイナスとなりま す。

素晴らしい考え方、つまり人生哲学を持つか持たないかで、人生は大きく変わってくるのです。

夢を実現する

若い人は、「偉大なことを実現したい」という、夢と希望を持つものです。

ただし、それが一歩一歩の地道な努力から生まれるということだけは知っていていてほしいと思います。努力をしないで、大きな夢だけを描いていたのでは、いつまでも単なる夢にとどまります。

人生の歩みの中には、楽をしてひと飛びできるようなジェット機などはありません。自分の足で、自分で歩いていくしかないのです。夢を実現するための手っ取り早い手段や近道があると思うなど、とんでもないことです。一歩一歩を尺取り虫のように進んでいく、これが偉大なことへチャレンジする姿勢です。

「一歩一歩では、歩みが遅く、一生かかっても大きなことができないのではないか」と考えられるかもしれません。しかし、そうではありません。一歩一歩の積み重ねの結果は、相乗作用を引き起こしていくのです。つまり、日々の地道な努力が生む小さな成果は、さらなる努力と成果を呼び、その連鎖はいつのまにか信じられないような高みにまで、自らを運んでくれるのです。

これが、個人の人生においても、企業経営においても、夢の実現に至る唯一かつ確実な方法なのです。

自分を見つめる

人間というのは、あまり賢くないのかもしれません。

私もいい加減年をとって過去を振り返ってみると、「あのとき、こうすれば良かった」と思うことばかりです。

皆さんが若気の至りで早まったことをしそうになると、親は忠告してくれるでしょうが、その親にしても、若いころを振り返れば後悔することが多いはずです。あるいは、若いときの痛い失敗があればこそ、子どもに同じ過ちを繰り返させないために、そのように口を酸っぱくして注意するのかもしれません。

親も子も、みんな人生で同じことを繰り返しているのです。

子どものころに、この人生のあり様を見通すことができればいいのですが、誰もそのようなことはできないのです。そして、みんな同じ失敗を繰り返しているのです。

しかし、逆に言えば、若いときの失敗や苦労があるからこそ、それを教訓として生かし、後の人生をより素晴らしいものとすることができるのだとも言えるでしょう。ただしそのためには、自分の失敗を素直に振り返る謙虚さと、自分を厳しく見つめる向上心が必要なことは言うまでもありません。

道を切り開く

瞬間的には自分に不運だと思えたものが、長い目でみると非常に好運だったということがあります。

私は、京都の小さな会社で社会人としての第一歩を踏み出しました。ところが、給料が遅配になる、ボーナスが出ない、将来の望みもない、という現実に遭遇し、私は会社を辞めようと思いました。

しかし、兄に諭《さと》され、また当時の社会情勢や私の家庭環境が容易に転職を許すものではなく、私は踏みとどまらざるを得ませんでした。

好むと好まざるとにかかわらず、今の仕事に喜びを見つけようとする心境に自分を変え、自分の置かれている環境の中で自分の道を切り開いていくしかなかったのです。

それから、研究に打ち込みだしたのですが、素晴らしい結果が出るのです。すると、優秀な人材もいない会社ですから、目立つのか、上司から声がかかります。そうすると、張り合いができて、さらに努力をする、またほめられるというように好循環が起こり、その結果、私の人生は大きく開けていきました。

もし、最初から環境や条件に恵まれていたら、今日の私はないと思います。人生とは長いスパンでみなければ、その真の姿は分からないので

働く喜びを見つけるために

生きがいをつくる

「働く」ということは、どういうことなのでしょうか。

自分が生活をしていくために、あるいは家族を養うために必要なお金を稼ぐ、というのが働くことの第一義です。

しかし、自分が大資産家に生まれ、働く必要がないとしたらどうでしょう。たまにならいいかもしれませんが、毎日ゴロゴロしていたら嫌になってくるだろうと思います。人間は単に給料をもらうために働くというだけではなさそうです。精神的な充実感、言葉を換えますと、働くことに生きがいを求めるようです。

また、仕事をするということは、長時間にわたり集中力を要し、つらいことです。これを、義務感だけでやっていますと、ますますつらくなってきます。義務感だけで、何十年も働くことは堪えられないことです。

つらい仕事を生きがいのある仕事に変えていくことが必要です。それには仕事を好きになることです。好きだと自分自身に言い聞かせ、自分の心をそのように誘導していくことしかないのです。

生涯を通じて打ち込める仕事を持てるかどうかで、人生の幸不幸が決まります。働く意義について、問い直してみることが必要です。

仕事を好きになる

皆さんの中に、「会社を辞めたい」と思っている方がおられるかもしれません。実は、私も辞めたいと思うことがあります。もう、しんどいのです。

学生時代に、試験勉強などで夜中に苦しめられ、どこかへ逃げていきたいと考えた、それと同じ心境なのです。

しかし、辞めたから天国があるかというと、決してそうではないと思うのです。辞めて三日もすると、もう仕事がしたくてたまらなくなると思います。

仕事が忙しくて、立場に責任を感じているからしんどいのですが、苦しんでいる中にも自分の生きがいを感じているのです。やはり、仕事が好きなのです。この〝好き〟ということが、世間の人の言うハードな生き様を、私が続けてこられた原動力なのです。

そばで見ていると、想像を絶するような苦労でも好きでやっているなら、本人は苦労とも思わず、記憶にすら残っていないことがあります。

どんな分野でも成功する人は、このように、自分のやっていることに無上の喜びを感じ、惚れ込んでいる人だけです。

自分の仕事に惚れなければ、絶対に成功しません。素晴らしい仕事などできるわけがないのです。

ひとつのことに打ち込む

私は、ひとつのことに打ち込んで、それを究《きわ》めることによってはじめて真理に達することができ、森羅万象《しんらばんしょう》を理解することができると思います。

たとえば、長年仕事に打ち込み、素晴らしい技術を修得した大工さんなどに人生について聞くと、素晴らしい話をされます。また、修行をし、人格を磨いてきたお坊さんは、異分野の話をしても素晴らしい真理を説かれます。その他にも作家、芸術家など一芸を究めた人の話には、非常に含蓄《がんちく》があります。

学校を出たばかりの若い人は、会社に入って地味な仕事ばかり続くと、「こんなことばかりしていていいのだろうか」と不安に思い、「他の仕事をやらせてほしい」と言い出します。

しかし、それは違うのです。広く浅く知ることは、何も知らないことと同じなのです。深くひとつのことを探究することによって、すべてのことに通じていくのです。

それは、すべてのものの奥深くに、それらを共通に律している真理があるからだと私は思います。ひとつのことを究めることは、すべてを知ることになるということを忘れてはなりません。

日々新たに創造する

仕事に就《つ》いて、最初からいい仕事にめぐりあえるわけではありません。まずは、自分に与えられた仕事を、明るさと素直さを持ち続けながら、粘りに粘ってやり続けることが必要です。絶対にやめてはいけません。

それは、苦労に苦労を重ねてただ一つのことを究めた人だけが、素晴らしい真理に触れることができるからです。

しかし、最初に決まった仕事を、生涯の仕事としてただ辛抱すればいいというわけではありません。ひたむきに努めながらも、常にこれでいいのかということを考えるのです。決して、昨日と同じことを、同じ方法で、同じ発想でやってはいけません。

小さなことでも、毎日これでいいのかということを反省し、改良するのです。あらゆるものに対して、「これでいいのか」という問いかけをするのです。これを長年繰り返しますと、素晴らしい進歩を遂げるはずです。基礎を教わったら、自分自身で工夫をしていく、これが創造です。

日々新たな創造をしていくような人生でなければ、人間としての進歩もないし、魅力ある人にはなれないだろうと思います。

愛を施す

日本が豊かになるとともに、個人の所得が上がり、労働時間が短縮され、個々それぞれの人生を楽しむという傾向が強くなってきました。それも大事なことであり、時代の流れかもしれません。

しかし私は、もっと働こうと考えています。それは、愛や善を施すことが、人としての最高の生き方だという、私の信念があるからです。

つまり、私たちが一生懸命働いて得た利益、いわば汗の結晶は私たちを幸せにするのみならず、税金として納められ、人々を幸福にするためにに使われていくのです。

世の中には貧しい人、障害を背負って苦しい人生を懸命に歩んでおられる方がいます。また、今この瞬間でも世界各地には、飢えに苦しみ、死に瀕《ひん》して、救いを求めている子どもたちがいます。そのような人々を間接的にでも、私たちの汗の結晶で助けてあげられるのですから、働くということは本当に素晴らしいことだと思います。

まわりの人々に愛を施すことの意義を自覚し、真面目に努力を重ねていく人々が多くいることを私は信じています。

困難に打ち勝つために

まず思う

昭和四十年ごろ、私は松下幸之助さんの「ダム式経営」について講演を聴く機会がありました。ダムをつくってそこに常に一定の水が貯えられるような、余裕のある経営をやるべきだということを話されました。

するとひとりの人が、「私もダム式経営に感銘を受ける。しかし、今余裕がないのをどうすればいいのか、それを教えてほしい」と質問をしました。

松下さんは、「そんな方法は私も知りませんのや。知りませんけれども、余裕がなけりゃいかんと思わないけませんな」と答えられました。そうすると、「全然答えになっていない」とみんなが失笑するのです。しかし、私は強烈な印象を受けたのです。

つまり、松下さんは、「まず思わなかったら、そうはならない」ということを言われたのです。理想に対して、「そうは思うが、現実には難しい」という気持ちが心の中にあっては、ものごとの成就《じょうじゅ》が妨げられると言われたのです。

人は自分が信じてもいないことに、努力できるはずがありません。強烈な願望を描き、心からその実現を信じることが、困難な状況を打開し、ものごとを成就させるのです。

壁を突破する

成功した人と成功しなかった人の差は、紙一重です。

成功しなかったからといって、決していい加減な人ばかりではありません。成功した人と同様にまじめで熱意を持ち、努力された方もいます。

それなのに、成功する人と失敗する人がいる。世の中不公平だと思われるかもしれません。しかし両者の間には、紙一重ですが、越えがたい大きな隔《へだ》たりがあるのです。

それは、不成功者には粘りがないのです。うまくいかなくなったときにすぐあきらめてしまうのです。つまり、努力はするのですが、それは人並みの努力にとどまり、壁に行き当たると、体裁《ていさい》のいい理由をつけ、自分を慰《なぐさ》め、断念してしまうのです。

まず、無理だと考えられていることでも粘りに粘ってやりぬき、成功させることです。自分の中の固定化された常識を壊してみることです。「自分はここまでだ」という頑固な固定観念が、成功へ至る一線を越えることを妨げているのです。

壁を乗り越えたという自負と自信が、その人を強く粘りのある人間に変えていきます。そして、この粘りがさらなる成功へと導いていくのです。

信念にまで願望を高める

状況妄動型《もうどう》の人間であってはならないと思います。

状況妄動型とは、「こうしたい」と思っても、社会情勢、経済情勢などから、すぐに実現困難であると諦めてしまう人のことを言います。状況を理解すればするほど、不可能であるという結論に自分を導いていくのです。

一方、心の奥底からこうありたいという強い願望を持った人ですと、周囲の環境がいかに難しくとも、願望を実現するための方法を考えていきます。そこに努力と創意が生まれてくるのです。

同じ厳しい環境に置かれても、状況妄動型の人は、状況が悪いことを理解し、その結果自分の願望が無謀であったことを悟るだけですが、心の奥底から発し、信念にまで高まった願望を持っている人は、問題をいかに解決するかという創意工夫と努力を始めるのです。

つまり、〝状況は我に利あらず〟と理解したときに、自分の願望を捨てる人と、次の瞬間から改めて勇気を奮い起こす人の違いです。

人生において、素晴らしい歩みをしていく人と、挫折につぐ挫折を重ねていく人、また平々凡々と進む人、その違いは、ここにあると思います。

エネルギーを奔らせる

新しい分野へ積極的にチャレンジしなければ、企業にとっても、個人にとっても将来はないわけです。

しかし、新しい領域というのは、技術開発にしろ、市場の開拓にしろ、非常に難しいわけです。そこには経験したこともない障害、想像もつかないような困難が待ち構えています。そして、このバリア（障壁）を打ち破るということは、大変なエネルギーを必要とします。

かねてから私は、事をなすにあたって、「狂であれ」と言っています。それは、バリアを越えるには、そのバリアを打ち破れるだけの大きなエネルギーが必要となるからです。

エネルギーとは、それに従事している人の情熱です。燃えるような熱意、すさまじい根性と執念などが、バリアを越えるエネルギー源であり、チャレンジの必要条件となります。

「狂」とは、このような強烈なエネルギーに満ちた状態のことをいいます。

人間本来のエネルギーの奔《ほとばし》りそのものが、新しい分野で成功を収めるよりどころとなるのです。

困難に真正面から取り組む

難しいが、どうしても解決しなければならないという、困難な状況から逃げてはいけません。真正面から困難に立ち向かわなくてはなりません。

それには、「何としてもやり遂げる」という切迫感が必要です。ちょうど修行僧のような形相で仕事をしている状態です。

また同時に、一切のものにとらわれてはいけません。素直な目で現象を見なければなりません。先入観を持っていては、ものごとはその真実を語ってくれません。

一方では、「何としてもやらなければならない」という思いがありますが、もう一方では、苦しければ苦しいほど、現象をつぶさに見つめ直すという素直な姿勢が必要となるのです。

そうすれば、今まで見過ごしていたものを、ハッと見つけるものです。それを、私は〝神のささやく啓示〟と呼んでいます。

啓示を受けるほどの切羽つまった状況、真摯な態度からしか、真にィブなものは生まれてきません。素晴らしいアイデアを得ならば、困難に真正面から取り組む姿勢が必要なのです。

希望を失わない

今でこそ私は、「心で思った通りに現象は現われる」と信じているのですが、社会人となったころは、やることなすことうまくいかず、とてもそのようには考えられませんでした。

しかし、そんな苦しい中でも、私は明るさと希望だけは失いませんでした。これが今日の私をつくったと思います。

そのころ私は、床が抜けそうなオンボロの寮の二階に住んでいました。畳の表もなく、わらがぼうぼうとむき出しの六畳間でした。そこに七輪《しちりん》と鍋《なべ》を持って来て、毎日自分で炊事《すいじ》をしていました。

会社での研究も、人間関係もうまくいかず、日が暮れると、寮の裏の桜並木が続く小川へ一人で出かけていきました。そして、小川のほとりに腰かけて、唱歌の「ふるさと」をよく歌ったものでした。心の傷《いた》みが積もり積もって、どうにもならなかったのです。私は思いきり歌うことで、自分を元気づけていたのです。そして気分を一新して、次の日にはまた会社へ出かけて懸命に働きました。

悩みは、いつでも、誰にでも、どこにでもあります。しかし、そういう状況の中でも、気分転換を図り、明日への希望と明るさだけは失わないようにしなければなりません。

心の次元を高める

広中平祐《へいすけ》先生は、数学の難問を解いて、フィールズ賞を受賞されました。その難問を先生は、次元を一つ高くすることによって、簡単に解かれたそうです。その広中先生が、「複雑な現象というのは、単純な事実の投影に過ぎない」と言われています。

人間社会というのは複雑なもので、職場の人間関係、親戚との関係など、わずらわしく複雑怪奇なものにも見えます。しかし、この人間模様、人生模様は、単純な事実の投影に過ぎないというのです。

たとえば、平面交差をしている交差点に、四方から車が入ってきますと、行き詰まってしまいますが、一つ次元を加えて立体交差だとすると、滞《とどこお》りなく車は通行します。つまり、三次元の影である二次元だけを見ていますと、車はぶつかっているように見えますが、それは三次元の立体であるのに、二次元の平面を見て、複雑怪奇だと嘆き苦しんでいるのです。

人生も人間模様も同様です。それは単純な事実の影におびえているに過ぎないのです。単純な事実とは、実は自分の心です。自分の心の投影が、複雑で困難な現象をつくり出してしまっているのです。

複雑な現象の中に、真実を見いだすには、自分の心の次元を一つ高めるしかありません。

正しいことを求める

私は若いころから、人間として何が正しいのかということを、常に自分に問い、求めていたような気がします。

世の中のどろどろした姿を見せつけられても、「そうあってはならないはずだ。人間としてこうあるべきだ」という姿勢を、常に求めていました。そして、この正しいことを求める心というのは、理想を追い求める心でもあったのです。

入学試験や就職試験に落ちたときも、私は立派な学校や会社に受かるよう、もっと努力をしようと考えました。あるいは当時、人が顧《かえり》みないセラミックの研究開発に携わることになったときも、セラミックを素晴らしい素材とするように努力をしようと思いました。

ともすれば自分を打ち砕くような逆境のときでも、理想を掲げ、希望を燃やして、夢に向かって懸命な努力を続けていったのです。

長い人生の中には、皆さんにとって不本意な時期、つらく苦しいときも訪れるかもしれません。しかし、そんなときこそ歯を食いしばり、理想に向かって誠実に努力を続けるのです。

天はそのような努力、誠実、勤勉さの前には、必ず頭を下げるはずです。

易きにつかず

就職してまもなく、一介の社員であった私は、あることで会社と衝突し、また組合からも攻撃を受け、孤立無援に陥ったことがありました。

そのとき私は、高く険《けわ》しい山を登っていく姿を思い浮かべました。経験も技術もないにもかかわらず、私はそびえ立つ岩山に垂直登攀《とうはん》を試みようとしていたのです。鋭い岩壁にひるみ、恐れ、落伍するものもあるわけですから、周囲からは非難ごうごうです。

先輩からは「妥協が必要だ」、つまり山すそのゆるやかな傾斜を、集団とともに頂上をめざすという方法を勧められました。

それでも、私が前者の方法をとったのは、自分も弱い人間だけに、易きにつき、徐々に登っていくならば、頂点を極めることをやがて諦めてしまうだろうと考えたからです。また、安易な生き方は、私を信じてついてきてくれる人たちにとっても楽ですが、彼らに本当の幸せをもたらすことはできないとも考えたのです。

正しいと固く信じることができるならば、どんな非難があろうとも、どんな険しい道のりであっても、めざす頂《いただき》に向かって、まっすぐに登っていこうと私は心に決め、その後自分にも他人にも厳しい姿勢で臨み続けました。それは決して間違っていなかったと思います。

正しい判断をするために

ささいなことにも気を込める

正しい判断ができる人は仕事がよくできる人だと言われます。

正しい判断をするには、どういう状況にあるかということを、鋭く観察する必要があります。ものごとの核心に触れるまでの、鋭い観察力がなければならないのです。

この鋭い観察を生むのは、精神の集中です。しかし、急に精神を集中しようと思っても、なかなかできるものではありません。実は集中するということには、習慣性があるのです。ささいなことでも、注意を払って行う習慣がある人は、どんな局面でも集中できるのですが、そういう習慣のない人は、なかなか精神のフォーカスを絞れないのです。

忙しいときにこそ、ささいなことにも気を込めて行うという習慣をつけるべきです。興味がないものでも、努めて意識を向けるということをすべきです。これを「有意注意」といいます。

この日常の有意注意が、「いざ」というときの判断力を左右します。そして、毎日トレーニングされた注意力と洞察力《どうさつ》を身につけ、研《と》ぎ澄《す》まされた神経をもって、正しい判断ができる人を、切れ者というのです。

潜在意識を働かせる

潜在意識を活用すれば、正しい判断を迅速《じんそく》に、しかも楽々と行うことが可能です。

たとえば、車を運転する場合、カーブの曲がりぐあいやスピードによって、ハンドルの切り方が違います。運転に慣れると、無意識のうちにその状況を判断して運転しています。それは、繰り返し行ったため、潜在意識の中に類型のパターンが入っており、瞬間的にそれを呼び出して対応しているからです。

将棋の升田《ますだ》名人が、「対局の山場で、次の手がひらめいたが、慎重に長考し、何十手も読んでいった。しかし結局、最初瞬間的に浮かんだ手しかなかった」と言っておられました。これも、潜在意識に入っているパターンを活用した一例です。

人生で私たちが経験したことは、すべて潜在意識に入っています。その中でも、毎日気を込めて繰り返し行った経験、または強烈な経験は、実在意識へ取り出して活用できるのです。

しかし、強烈な経験は自ら求めて必ず得られるものではありません。であれば、なにごとも真剣に気を込めて繰り返し考え抜き行うことが、潜在意識を活用する唯一の方法なのです。日々の真剣な姿勢を抜きにして、正しく迅速な判断はありません。

筋を通す

「話に筋が通る」とか「筋が通らない」とか言います。この〝筋〟とは、人間の精神の指標のことです。その人が持つ判断基準、いわばフィロソフィと言い換えてもいいでしょう。

皆さんは、それぞれの立場で判断を迫られるでしょう。そして自分の判断基準に照らして、良い悪いを判断しているはずです。そして、その判断基準の根源をたどれば、道理とか倫理、つまり人として正しいものは何か、という原理原則であるはずです。

ですから、筋が通るということは、単に論理的に矛盾がないということではなく、人としてとるべき道に照らし合わせて、不都合がないということなのです。つまり、頭の中だけで軽々しく判断したものではなく、人間の精神の最もベーシックな部分にまで立ち返って考えてみて、理にかなっていることを筋が通るというのです。

筋を持たない人は、何もできません。自分の基準をどこに置くかが分からないからです。これに反して、筋を持った人は万般に通じていきます。それは、筋というものが、万人に納得しうるものだからです。

正しい判断をするには、自らの中に指標が確立されていなければなりません。

原理原則を基準とする

常に、原理原則を基準として判断し、行動しなければなりません。

とかく陥りがちな、常識とか慣例などを例に引いた判断行動があってはなりません。常識や経験だけでは、新しいことに遭遇《そうぐう》した場合、どうしても解決がつかず、そのたびにうろたえることになるからです。

かねてから原理原則に基づいた判断をしていれば、どんな局面でも迷うことはありません。

原理原則に基づくということは、人間社会の道徳、倫理といわれるものを基準として、人として正しいことを正しいままに貫いていこうということです。人としての道理に基づいた判断であれば、時間、空間を超えて、どんな環境でも通じていくものです。そのため、このような判断基準を常に持っている人は、未知の世界に飛び込んでも、決してうろたえたりはしないのです。

新しい分野を切り開き、発展していくのは、豊富な経験を持っているからではありません。常識を備えているからでもありません。人間としての本質を見すえ、原理原則に基づいた判断をしているからです。

原点を見失わない

山登りをしていて、ガスに包まれ視界ゼロという状況で、分岐点に行き当たるたびに進路を判断していては、ルートを見失って遭難してしまいます。このようなときは、再度ベースキャンプに戻ってやり直すことがいいといわれます。

これは、新規事業に乗り出すときや、未踏《みとう》の研究分野に挑戦するときにも当てはまることです。

このような新たな領域では、何度も壁に当たり、行き詰まることを経験します。そのような局面では、当面の問題点の克服だけに終始してしまい、何とかクリアしたとしても、目標に対して若干のズレが生じることがあります。そして、何度もこの当面の解決を行ううちに、いつのまにか当初の目標からは大きく逸脱してしまうのです。

本人はいくつもの障害を越え、「よくやった」と自らを慰め、「まあ、このくらいでいいだろう」と満足しているのですが、結果は成功とはほど遠いものになってしまっているのです。

その場かぎりの判断をし、原点に立ち返らないために、このような結果を生むのです。原点を見すえ、ものごとの本質に立脚した判断こそが、未踏の領域で成功をもたらすのです。

善に見る

正しい判断を行うには、正しい認識がなされなければなりません。

しかし、この正しく認識するということが非常に難しいのです。

なぜなら、現象というのは、ただ一つの事実しかないのですが、観察者の視点によって左右されるからです。決して絶対的な事実だけが存在するのではありません。現象を観察する人の、心のフィルタを通して見るだけに、主観に左右され、ただ一つしかない事実が善にも悪にもなるということを、私たちは日常経験しています。

たとえば、ここに全力で働いている人がいるとします。その人をたった一回の人生を真面目に人一倍働いて、一生懸命に生きようとしていると見るならば、善かもしれません。しかし、家族や自分の健康も顧みず、遊びも知らず、ガムシャラに働くだけという意味ならば悪だとも考えられるわけです。

どちらかが正しいのではありません。両方とも誤っているのかもしれません。どうせ主観に左右されるならば、ものごとを善に見ていく習慣をつけるべきだと私は考えています。否定的なものの見方は、自己の成長や問題の解決をもたらしませんが、次元の高い心に基準を求めた認識や判断は、必ずや良き結果をもたらすはずだからです。

本能心を抑える

人間には、「本能心」と「理性心」があるといいます。

本能心とは、闘争心、食欲、性欲、嫉妬など、自分の肉体や生命を守ろうとする心のことです。私たちは、この本能心を判断基準にして、ものごとを決めていく場合が多いのです。しかし、これでは動物と大差なく、また判断を誤ることになります。

本能心を抑えていくことが必要です。本能心を抑えていくと、心の中に空間が生じ、そこにものごとを論理的に推理推論していく理性心が生じます。この理性心が、その人の心において、どれくらいの部分を占めているかということが重要なのです。

しかし本能心の抑制は、非常に難しいことです。というのも、本能心なくして人間は生きられないからです。ですから、本能心をなくせと言うのではありません。本能心が過剰であってはならない、最小限に抑える努力が必要だということなのです。

さて、本能心を抑えるための一番良い方法は、都合のよい欲望の心が出てきたならば、「勝手なことを思うな」と自分に言い聞かせ続けることです。この本能心を打ち消す習慣が、理性心を発露《はつろ》させ、正しい判断を生むのです。

意識の焦点を絞り込む

「理性心」とは、ものを推理し判断する心です。この理性心を使うためには、太陽の光をレンズで集めるように焦点を絞り込むことが必要です。どんなことにも、どんなときにも常に真剣に気を入れて考えること、それを有意注意といいます。これに反して、音がしたから振り向くといった、意識しない場合を無意注意といいます。

人間には習慣性がありますから、何年もこの有意注意を続けていますと、レーザーみたいに焦点が絞られ、問題を見た瞬間に理性心が働いて核心をつけるわけです。

しかし、この理性心よりは、はるかに超越した正確さを持つ「霊性《れいせい》心」があります。何らの推理推測を行うこともなく瞬間的に生ずる、迅速かつ正確な判断のことです。世の偉人たちの成果は、この霊性心が先天的に才能なり技術に現われたものだともいわれています。

私たちも苦境の渦中で、天の啓示とも思えるひらめきを感じることがあります。これを霊性心と呼ぶとするならば、それは仕事に夢中になり、苦境に真正面から立ち向かい、「人間として何が正しいのか」を常に問い、実践していく中で得られるものといえるでしょう。

あるがままに見る

美しい、澄んだ心には、真実が見えます。しかし、エゴに満ちた心には、複雑な事象しか見えてきません。

たとえば、「自分が得をしたい」という私欲に基づいた仕事の進め方が、簡単な問題を紛糾させてしまうことがあります。また、「自分を良く見せたい」という言い訳が、問題の焦点をぼやけさせ、解決を遅らせてしまうこともあります。

「あるがまま」の心でなければなりません。妙な自分の心を作用させるから、単純な問題が複雑になってしまうのです。

自分が損をしようが、「あるがまま」にものごとを見なければなりません。自分に非があれば、「自分が悪い」と認めなければなりません。このような澄んだ目で見ると、問題を単純に見ることができ、悩むようなことはありません。「自分が楽をしたい、いい目を見たい」というエゴの心を離れなければ、ものごとはその真実の姿を現わさないのです。

そして真実に対処するには、火中に飛び込む勇気を持たなければなりません。自ら血と汗を流し、危険を冒《おか》す気構えがあれば、どんな問題でも解決できるはずです。

仕事を向上させるために

夢を描き続ける

私は自分を、〝夢見る夢夫《ゆめお》〟と呼んでいます。

途方もない夢を描く癖があるからです。際限のない夢を次から次へと描いて、想像の中で事業を展開していくのです。

すぐには夢を実行に移しません。頭の中で猛烈に描き続けるのです。実際には手を出さないで、一年も二年も夢のシミュレーションを続けるのです。これは、強い願望と置き換えてもいいでしょう。

すると、遊んでいるときでも、願望が頭の中に入っていますので、たとえば、町を歩くときでも、自分の考えていることに関連するものが、強烈な印象で飛び込んできます。あるいは、宴席の場でも、夢の実現に欠かせない、自分が欲しいという人材が目に留まることがあります。もし、強い願望がなければ、これらはただ通り過ぎていったものかもしれません。

何でもない現象の中に、素晴らしいチャンスが潜んでいます。しかし、それは、強烈な目的意識を持った人の目にしか映らないものなのです。

目的意識のない、うつろな目には、どんな素晴らしいチャンスも見えることはありません。

自ら燃える

ものには、他からエネルギーを受けて燃えるものと、それでも燃えないものと、そして自分自身で燃えるものとがあります。

つまり、火を近づけると燃え上がる可燃性のもの、火を近づけても燃えない不燃性のもの、自分で勝手に燃え上がる自燃性のものと、物質は三つに分かれるのではないかと思います。

人間も同様です。ものごとを成そうとする人は、自ら燃える人でなければなりません。それは、熱意、情熱が、ものごとを成就していく基本となるからです。

火を近づけても、エネルギーを与えても燃えない者、つまり多少能力はあったとしても、ニヒルで、少しの感受性も持たず、感動することができない人は、ものごとを成し遂げられない人です。せめて、燃えている者の周囲にいるときには、一緒に燃え上がってくれる人であってほしいと思います。

しかし、我々にとって本当に必要な人は、自ら燃え上がる人です。さらに言うならば、自ら燃え上がり、そしてあり余ったエネルギーを他にも与えることのできる人こそが集団にとって必要なのです。

渦の中心で仕事をする

自分一人では大した仕事はできません。上司、部下、同僚等、周囲にいる人たちと協力して進めていくのが仕事です。

ただし、自分から積極的に仕事を求めて、周囲の人たちが自然と協力してくれるような状態にしていかなければなりません。これが、〝渦《うず》の中心で仕事をする〟ということです。

下手をすると、他の人が渦の中心にいて、自分はそのまわりを回るだけ、つまり協力させられるだけに終わる場合があります。

会社の中には、〝鳴門《なると》の渦潮〟のように、あちらこちらに仕事の渦が巻いています。その周囲に漫然と漂っていると、たちまちに渦に巻き込まれてしまいます。

自分が渦の中心にいて、周囲を巻き込んでいくような仕事の取り組み方をしなければ、仕事の喜びも、醍醐味も知ることはできないでしょう。

自ら渦を巻き起こせるような、主体的で積極的な人材であるかどうか、これによって仕事の成果は言うに及ばず、人生の成果も左右されると私は思います。

土俵の真ん中で相撲をとる

私はいつも「土俵の真ん中で相撲をとれ」と言っていますが、それは土俵の真ん中を土俵際だと思って行動しろという意味です。

学生時代、皆さんも試験直前になって、あわてて一夜づけをした経験があると思います。そして間に合わず、破れかぶれで試験に臨んできた人も多いことでしょう。試験の日時は決まっているのですから、いい点を取りたいと思っているなら、早くから準備をしていればいいのに、多くの人はそうしようとはしないのです。

また、相撲を見ていても、俵《たわら》に足がかかると馬鹿力を発揮して、うっちゃりをする力士がいます。あのくらい馬鹿力が出るなら、土俵の真ん中で出せばいいのに、といつも私は思います。

実は、人生も同じなのです。土俵の真ん中にいるときには、余裕があるから安心してしまい、行き詰まってからあわてるのです。

常に余裕がないと考え、瀬戸際にまで追い詰められる前に力を振り絞るようにしなければなりません。また、土俵際つまり窮地《きゅうち》に陥《おちい》らなくても、リスクが想像でき、事前に手を打てるようでなければなりません。

安全弁を置いた進め方をしなければ、人生も仕事も経営も決して安定したものとはなりえないのです。

大胆にして細心であれ

人間には、大きく分けて、緻密《ちみつ》で繊細《せんさい》できちょうめんな内気な人と、豪快で大胆で外向的な人の二つのタイプがあります。私は、仕事をしていくには、この両面をあわせ持つことが必要だと考えています。

テレビの時代劇を見ていると、着流しで、そのうえ酒まで食らっていながら、背後から忍び寄る敵の足音に気づいて、肩越しにバッサリと切る剣豪がいます。そんなシーンに私たちは喝采《かっさい》を送り、一見豪快に見える主人公の中に、一分のすきもない繊細な神経を見いだすのです。

ただ単に大胆なだけでは、パーフェクトな仕事はできません。一方、繊細なだけでは、新しいことにチャレンジする勇気は生まれません。仕事をする場合、どうしても豪快さと緻密さという、二律背反するような性格を備え、局面によって使い分けられる人が必要です。私は、繊細でシャープな神経の持ち主が、場数を踏むことによって、真の勇気を身につけていったときにはじめて、本物になると思っています。

しかし、最初からそういう人が多くいるわけではありません。繊細な神経の持ち主は、積極的に機会と場を求め、勇気と大胆さを身につけていくことが必要です。

完全主義を習い性とする

私は、仕事ではパーフェクト（完全主義）を求めます。

ところが、事務屋の人たちは、九割方うまくいけば、「これでいいだろう」と、いい加減のところであきらめてしまいます。事務屋は、ミスがあっても、消しゴムで消せると思っているからです。また、九割方でも、それなりに効果はありますから、完全さをあまり追求することはしません。

しかし、化学実験では、九九パーセントうまくいったとしても、一パーセント失敗すれば、ふいになってしまうことがあります。技術屋で修羅場をくぐったことのある人ですと、このささいなミスが命取りになることを知っています。そのため、気難しく完全さを追求するといった姿勢が出てくるのです。

このような完全主義を自分に課し、毎日を生きるのは大変つらいことです。しかし、習い性となれば、苦もなくできるようになります。人工衛星が地球の引力に逆らって上昇していくには、大変なエネルギーを必要としますが、軌道に乗ってしまえば、エネルギーを必要としないのと同じです。

完全な仕事の追求を、日々の習慣としなければなりません。

自分を高めるために

未来を開く

明治維新のように、大きな変動が予想される時代には、それにふさわしい若い力が、勇気と自信を持って台頭してこなければ将来はありません。

しかし、ただ若いだけで、その特典が自動的に与えられるわけではありません。未来を開くのは、どんな若者でしょうか。

職場においても、見識を持ち、積極的に意見を述べ、次から次へと上司に提案し、自分がこの職場、この企業を改善するのだという意気に燃えた人であろうと思います。

また、そのような若者は、よく勉強もしますし、透明なまでに素直な心の持ち主であって、ひねくれたり、ニヒルであったり、文句のための文句を言うような人間ではないはずです。

加えて、自己犠牲の精神を持っていなければなりません。自分だけが楽をし、いい目にあおうというつもりで提案し、意見を述べてみても、誰も聞く耳を持ってはくれません。

そして何よりも大切なのが、強烈な意志です。体を張って、命を捨ててかかるくらいの気構えがなければ、決して人を動かせるはずもなく、改革らしい改革などできるわけがありません。

できないことを認める

私は、鹿児島から京都に出て仕事を始めた頃、鹿児島弁しかしゃべれず、田舎者だということで、非常な劣等感に苦しんだことがあります。

このように劣等感を持った場合、挫折につながっていくタイプの人があるのですが、私は劣等感を素直に受け取ったため、挫折することはありませんでした。

「自分は田舎者だ。世間も知らないし、常識もない。大学は出ているけれども田舎大学だ。都会の一流大学を出た人よりは、実力はなさそうだ。基本的なところから勉強しよう」と考え、さらに一生懸命に仕事をしました。

つまり、劣等感と格闘するのではなく、劣等感を素直に受けとめるのです。これが心を軽くし、努力へのステップとなるのです。

自分ができないことをできるようなふりをするのではなく、できないことをできないと素直に認めて、そこからやり直していくのです。これが大切です。

私は社会人になったとき、このように考え、人生において努力を続けました。

並を超える

現在の学校制度では、学校を落第しない程度に要領よく六〇点を取った者と、努力して常に八〇点以上を取った者とが、同じように卒業してしまいます。

しかし両者には、点数にすればわずか二〇点ですが、実は大変な差があるのです。後者に至る過程には、いくつものバリア（障壁）が存在するはずです。彼は血のにじむような努力をへて、それらのひとつひとつを突破してきたに違いありません。

「六〇点、並でいい」と考えるのか、「並ではいけない」とし、バリアを恐れず敢然と立ち向かっていくのか、それはその人の人間性を示すとともに、人として生きる上での分水嶺とも言えるでしょう。

より高く自らを導いていこうとするならば、何度もバリアに遭遇することでしょう。バリアとは、楽をしようとする心のことです。この安逸《あんいつ》を求める心との葛藤《かっとう》に打ち勝つ克己心《こっきしん》こそが、人をして並を超えさせていくのです。

易きに流れようとする自分にムチ打つ苦しさ、それは並大抵のものではありません。しかし、それだけに自分自身に打ち勝ったときの喜びも大きいのです。

自分に打ち勝つ

皆さんも次のような人を見たことがあるはずです。

まじめによく勉強して八〇点をとる人がいます。彼に対して、頭の回転が早く勉強しなくても要領よく六〇点をとる人は、「あいつはガリ勉だから、できて当然だ。おれが勉強すれば、もっと高い点数をとれる」と言うのです。

また、社会人となって成功した人を見て、「あんなやつ、学生時代は大したことがなかった。おれの方が数段できがよかったんだ」と彼をおとしめ、自分を誇るのです。

果してそうでしょうか。ガリ勉とは、見たい映画やテレビも見ず、安易な方向へ流れようとする自分に打ち勝つことです。卒業後成功した人も同じことです。遊びたい気持を抑えて、一生懸命仕事に励んだに違いありません。いわば、克己心の現われなのです。

私は、この克己心も含めて、その人の能力を考えなければならないと思っています。言い換えれば、自分に負けて、安逸をむさぼり、努力できないということは、その人の能力の低さを表わしていると思うのです。

人生という長く大きな舞台で成果をあげるための能力とは、単なる脳細胞のシワの数だけをいうのではありません。

情熱がものごとを成就させる

人を判断するに当たっては、才能、能力をよく見なければなりませんが、私は情熱も重視します。それは、情熱さえあれば、まずはものごとが成就するからです。

情熱さえあれば、自分に能力がなくても、能力のある人を自分の周囲に配すればいいわけですし、資金や設備がなくても、自分の夢を一生懸命に語れば、応えてくれる人はあるはずです。

ものごとを成就させていく源は、その人が持つ情熱なのです。成功させようとする意志、熱意、情熱が強ければ強いほど成功の確率は高いのです。

強い情熱とは、寝ても覚めても、二十四時間そのことを考えている状態のことを言います。しかし、実際には、二十四時間も思い続けるということは不可能なことです。常にそのように心がけることが大切なのです。そうすることにより、願望が潜在意識にまで浸透し、自分でも気づかないうちに、願望実現への行動をとり始め、今よりはるかきな仕事ができるようになるのです。

ごとの成功、不成功の鍵は、まずは情熱が握っていると私は思

ますが、それが私利私欲に端を発したも

はしません。

して無感覚になり、成功の要因であるその強烈な情熱

もって、強引かつ無軌道に進み始めるからです。成功を持続させる

には、描く願望、情熱がきれいなものでなければならないのです。

つまり、潜在意識に浸透させていく願望というものの質の問題があるわけです。本当は本能心を一切離れ、人類社会のためにというよう

な、私心の無い純粋な願望を持つことが望ましいのですが、人間が私利私欲を完全に払拭《ふっしょく》することは難しいことです。

せめて自分のためではなく、集団のためにということに目的を置き換えるべきです。つまり、すり替えることによって、願望の純粋さが高まるのです。そういうきれいな心で描く、強烈な願望でなければ、天がかなえてくれないような気がするのです。

純粋な願望を持って、苦しみ抜き、悩み果てているときに、ひらめき、道が開けることがあります。それはきっと「何としても」という、切羽《せっぱ》つまった純粋な願望が天に通じ、潜在的な力まで引き出して成功へ導いてくれたのだと私は理解しています。

精神の骨格をつくる

自分を高めるために読書をしてほしいと思います。真剣になって、良い本を読むということをぜひとも行っていただきたいのです。

私は、仕事で遅くなったとしても、あるいはお客様とお酒を飲んで帰った夜も、必ず本を読みます。読むといっても、机の前にすわって読むわけではなく、枕元に主に哲学とか中国の古典の本がたくさん置いてあり、それを読むのです。

また、トイレへも、風呂へも本を持って入ります。そして日曜日が休みのときは、一日中本を読んでいます。

皆さんは忙しい日々を過ごしておられ、そのために時間がないと考えておられるかもしれませんが、その限られた時間の中でも、書物に親しみ、感激に心ふるえるようなときを持つことは可能です。

もちろん、皆さんが仕事で苦労し、その実践の中で自分を磨き、勝ち得たものが一番重要なのですが、それに加えて読書で、自分が経験していないことを吸収し、経験したことを整理していくことが必要です。

この実践と読書が、人間の精神の骨格をつくっていくのです。

魂を込めて語りかける

話を聞いていると、どことなく言葉に〝遊び〟を感じる話し方をする人がいます。概してそういう人は話が巧みで、言葉が流暢《りゅうちょう》です。黙って聞き流している分には、耳に快いのですが、よくよく話を聞いてみると、少しも中身がない場合が多いのです。

これを雄弁だと錯覚する人がいるかもしれません。しかし、私は少しも魅力を感じません。むしろ軽薄な感じがして真剣に話す気がしなくなります。さらに言えば、その人の人間性までが、薄っぺらなものに思えてきます。

若い人たちには、こうしたうわべだけの話し上手をまねしてほしくないと思います。トツトツとした語り口でもいいから、魂から奔り出た言葉でしゃべってほしいと思うのです。

に分かってほしいという思いを込めて、心なる言葉のための言葉よりも訴える力が強こすはずです。

そ、心から相手に理解してもらえるのでなら、まず全身全霊を傾けて、一生懸命にと思います。

新しいことを成し遂げるために

真の創造に至る

「発明発見のプロセスは哲学の領域だが、それが理論的に解明されたときに科学になる」と、故田中美知太郎先生（元京都大学名誉教授）が言われました。

私は、これを聞いて大変な感銘を受けました。

科学の世界ですでに解明された常識と、真の創造との間には大きなギャップがあり、これを超える飛躍である発明発見は、精神的活動領域の産物だというのです。つまり、科学的常識をいくら積み上げても、真の創造はできないと言われたのです。

ガリレオは、天動説が常識であった時代に地動説を唱え、弾圧を受けました。このガリレオの地動説は、彼の「我思う」という信念、哲学でした。後にそれが証明され、はじめて科学となったのです。

真の創造とは、その時点での科学的常識の積み上げではなく、飛躍したインスピレーションから始まるのです。このインスピレーションが哲学を形成させ、これが証明され世に受け入れられてはじめて科学となるのです。

科学的常識の押しつけが、創造性を抑圧してしまうことがあります。非科学の中に、真の創造の端緒《たんしょ》を見いだすこともできるのです。

自らによりどころを求める

何か新しい企《くわだ》てを進めようとする場合、どんな苦難が待ち受けていようとも妥協をしないで、自分の正しいと思った道をまっしぐらに歩むことが、非常に大事なのではないでしょうか。

すなわち、ある種の無頼性《ぶらいせい》です。

無頼漢とは、親に反抗し、体制に反旗を翻《ひるがえ》し、権力に背を向け、ただ横車を押す人のことを言います。

真の無頼性とは、頼らないことです。つまり世間はこういうものだよとか、ものわかりのいいことを言って、大勢に妥協することではありません。頼らないということは、自由ということなのです。他に頼るのではなく、自分に頼るのです。

自らによりどころを求めることによって、真の創造というものができるのです。あらゆる拘束から離れることによって、自らの信念をどこまでも追求することができ、その姿勢があってはじめて創造性が生まれてくるわけです。

ビジネスにおいても、科学、芸術の世界においても、こういう気迫がないことには、成功はありえないと思います。

内なる理想を追求する

創造的な領域では、基準とするものがありません。真っ暗闇で嵐が吹きすさぶ海原《うなばら》を、羅針盤も持たず航海していくようなものです。私はそのような航海の途上、悶《もだ》え苦しみ、灯台の明かりを希求していました。しかし、未踏の海原に灯台はありませんでした。あるのは、自分の心の中にある灯台だけでした。

自らの灯台の明かりをさらに強く燃やし、周囲を照らし、自分のいる位置を定め、行き先を自ら照らしださねばならなかったのです。

つまり、他に基準とするものがないならば、自らの心に描く理想にどれだけ近づくかということでしか、未知の領域での航海法はないのです。

これは、パーフェクト（完全主義）という姿勢に相通ずるものです。ベターが他に比較して相対的により良いという意味であり、またベストがそれらの中で最良のものという意味なのに対し、パーフェクトとは自らの内なる理想に対するあくなき追求心のことを言います。

基準とする何ものもない創造的な領域では、自分自身を羅針盤にして方向が定められるのです。

新しい時代を開く

「これがないから、あれがないから、できない」と、できない理由ばかりを並べたてる人がいます。

しかし、何もないからできないと考えていては、新しいことなどできるわけがありません。

スタートでは、何もないことが前提です。それを当然のこととし、それでもなおこれをやり遂げたいという強烈な願望を抱き、成し遂げるためには、どうしたらよいのか、必要な人材、技術、資金、設備をどう調達するのか、ということをただひたすら考えるのです。

そうすれば、必ず夢は実現できると思っています。

新しいことを成し遂げていく過程には、大変な苦労や困難が前途に横たわっています。これを承知の上で、「何としてもやり遂げたい」と思わなければなりません。

「勝算は?」と問われて、窮《きゅう》することがあるかもしれません。しかし、独創の世界というのは、そのようなものだと思います。

革命でも明治維新でもそうですが、強烈な思いこそが、新しい時代を開いていくのです。

楽観的に構想し、悲観的に計画し、楽観的に実行する

新製品開発、新技術開発など新しいことを進めて成功していくのは、まず構想を楽天的に描く人だろうと思います。

つまり、何としてもやり遂げたいという夢と希望をもって、超楽観的に目標設定をすることが、新しいことに取り組むうえでは、最も大切なことなのです。

自分で壁をつくってしまっては、夢みたいなことをやろうという気にはなりません。天は無限の可能性を与えているということを信じる

のです。それには、「できるのだ」と繰り返し自らに言い聞かせ、自らを奮《ふる》い立たせていかなければなりません。

もちろん、計画の段階では、悲観的に構想を見つめ直す必要があります。悲観的とは、どのくらい難しいのかを慎重に、小心に考え尽くすことです。

そして、この悲観的な要素に対する対策を練った上で、今度は楽観的に行動へ移るのです。実行段階でも悲観的に考えていたのでは、成功への果敢な行動などとれるはずがありません。

新しいことを始めるには、このように頭を切り換えていくか、さもなければ、それぞれの段階に見合った人を配することが必要です。

「見える」まで考える

技術開発など新しいことを進めようとするとき、私は「見えてこなければならない」とよく言います。

夢みたいなことを言っているうちに、夢と現実との境がなくなってしまうということを、私は何回も経験しています。つまり、最初のうちは夢や理想として考えていたものが、ずっと考えているうちに、現実なのか夢なのか自分でも分からなくなってきてしまうという状況になってはじめて、「できる」と私は思うわけです。

そして、まだ何もやっていないのに、もう「できる」ということを言い出すのです。そういう心理状態を、私は「見える」という表現で言っているのです。

夢みたいなことを、ただ漠然と考えているようでは話になりません。まだ、やってもいないことまでが、「やれる」という自信に変わったときにはじめて、「見える」ということになるのです。それは、テーマをどこまで深く、どれだけ長く考えているかによります。

こういう「見える」という状況まで考えつくさなければ、何ごとも絶対にものにならないと私は思っています。

未来進行形でとらえる

私は、新たなテーマを選ぶとき、あえて自分の能力レベル以上のものを選びます。

いわば、今どうあがいてもできそうもないテーマを選び、未来の一点で完成するということを決めてしまうのです。

そのためには、新しいことに携わる者、あるいはリーダーは、自らの持つ能力、並びにグループの力を育成していく構想を持たなければなりません。

つまり、目標となる未来のある一点にターゲットを合わせ、現在の自己およびグループの能力を、テーマに対応できるようになるまで高める方法を考えなければならないのです。

今の能力をもって、できるできないを判断することは誰にでもできます。しかし、それでは新しいことなどやれるはずがありません。今できないものを、何としても成し遂げようとすることからしか、画期的な成果は生まれません。

「自己の能力を未来進行形でとらえる」ことが、新しいことを成し遂げようとする人には要求されるのです。

自己の可能性を限りなく追求する

「何か良いアイデアはないか」と、人はアイデアを外に求めがちです。

しかし私は、外に求めるのではなく、自分が今やっている仕事の可能性をとことん追求して、改良を加えていき、想像もつかないような大きな革新を図ることができました。

このようなことを知らず、結果だけを見て、先見性があると人は評価しますが、決して一般に言う先見性が私にあったわけではありません。もし、このような状態を先見性があるとするならば、私たちは既存のもののあらゆる可能性を追求することによって、卓越する先見性を身につけることができると言えるでしょう。

不透明な時代を乗り切るには、先見性を身につけていかねばなりません。その先見性は、外に求めても得られません。自分の技術、自分の経験など、自分の周辺にあらゆる可能性を追い求めていくのです。

時代がどう変わろうと、自分の足下を見つめ、自己の持てる可能性を限りなく追求していくことが、革新に至る王道であろうと思っています。

裏づけを持ってチャレンジする

挑戦、チャレンジというのは、快い響きを持った言葉ですが、実は大変な困難と危険を伴います。また、計り知れない労苦と忍耐力、並はずれた努力と、大変な勇気を必要とします。

つまり、リスクに耐えうるだけの裏づけ、困難に立ち向かう勇気、苦労もいとわない忍耐努力などの要素を備えてはじめて口にできることなのです。

単に言葉の遊びとして、チャレンジや挑戦ということを、口にしてはならないと思います。このような要素なくしてチャレンジすることを、蛮勇と言います。

企業経営において、チャレンジを続けていくには、このような精神状態が経営者になければなりませんし、どんな危機に遭遇しても、安全に航行できるだけの資金力と、豊かな財務内容が企業に備わっていなければなりません。個人においても挑戦的な姿勢をとるには、何ものにも動じない信念と、ひたむきな日々の努力、そしてそれによって培われた確かな能力が必要です。

覚悟と裏づけを持った者のみに、チャレンジする資格が与えられるのです。

可能性を信じる

仕事という修羅場の中で、新しいことを成し遂げられる人は、可能性を信じることができる人です。

信じることで生まれた光が、向こうに見えているから、追い続けることができるのです。そのため、難関を突破できないのは、「自分の技量が足らないのだ、自分の努力が足らないのだ」と謙虚に反省をし、唯一の希望の光を目指して、一生懸命努力をするのです。

独創的な世界であればあるほど、従事する本人が「これはやれるのだ」と信じているかどうかが問われてきます。証明する何ものも存在しないとき、心の中に信じられるもの、つまり光を持っていなければ、様々な障害や難関が待ち受けている独創への道のりに挫折してしまうことでしょう。

信じるものがあれば、その道をひたすらに歩み続け、一生かかっても追い続けるはずです。流行に惑《まど》わされることなく、ひたすらにテーマに身をささげている、そうすると、ものごとはいつか実を結ぶものです。

人間にとって、信じるということは非常に大切なことです。自分の可能性、仕事の可能性を信じることができなければなりません。

部下・後輩を持ったときのために

無私の心が人を動かす

人を動かす原動力は、ただ一つ公平無私ということです。無私というのは、自分の利益を図る心がないということです。あるいは、自分の好みや情実で判断をしないということです。

無私の心を持っているリーダーならば、部下はついていきます。逆に、自己中心的で私欲がチラチラ見える人には、嫌悪感が先立ち、ついていきかねるはずです。

明治維新の立役者、西郷隆盛は、「金もいらない、名もいらない、命もいらないという奴ほど、始末に負えないものはない。しかし、始末に負えない者でなければ、国家の大事を任せるわけにはいかない」という言葉を残しています。つまり、私欲がない者でなければ、高い地位につけるわけにはいかないと言っているのです。

リーダーの指示ひとつで、部下の士気も上がれば、逆に部下が苦しむことにもなります。それなのに、自分の都合によって指示をしたり、ものごとを決めたり、感情的になったのでは誰もついてきません。

リーダーは、まず自らの立つべき位置を明確にすべきです。そして、私利私欲から脱却した、「自分の集団のために」というような大義に、自らの座標軸を置くべきです。

自己犠牲が信頼をもたらす

リーダーは、自己犠牲を払う勇気を持っていなければなりません。

集団として何かをなさんとすれば、必ずそのためのエネルギーが必要です。つまり代償が必要なわけですが、それはリーダーが率先して払うべきものです。

リーダー自らが、自己犠牲を払う勇気を示すことによって、部下をして信頼せしめ、奮い立たせるのです。

職場を少しでも働きやすいものにしていこうとする場合、それはリーダーにとって働きやすい環境ではなく、職場の大多数が働きやすい環境でなければなりません。そのためには、リーダーがいくらかは自己犠牲を強いられることもあるでしょう。しかし、リーダーのこの自己犠牲を払う〝勇気〟なくして、職場の改革、改善などできるはずがありません。

リーダーにとってのみ都合の良い職場を望むなら、部下は誰もついてこないでしょう。

集団のマジョリティが働きやすいと感じる環境を、リーダーが自己犠牲を払って築いてこそ、部下の信頼と尊敬、職場の協調と規律、そして発展が得られるのです。

職場のモラルを体現する

リーダーは、勇気、潔さを持たねばなりません。言い換えるならば、リーダーは、決して卑怯《ひきょう》であってはいけません。集団のリーダーは、職場のモラルとルールを頭で理解するだけでなく、体現した人でなければならないのです。

リーダーの卑怯な振舞いは、不正な行為を容認することになり、集団内に混乱を引き起こします。また、部下の信頼と尊敬を失い、職場に欺瞞《ぎまん》とモラルの低下をもたらします。

出処進退を明確にし、あやまちがあれば、潔くそれを認め、集団や部下にわびを入れ、決して言い逃れや、言い訳をしてはなりません。

リーダーの一挙手一投足を、部下が見ていることを忘れてはなりません。自分が部下に望むことを、率先垂範、自らが実際に示してこそ、部下の追随があるのです。

リーダーの行為、態度、姿勢は、それが善であれ、悪であれ、本人一人にとどまらず、集団全体に野火《のび》のように拡散することを胸に刻むべきです。

集団、それはリーダーを映す鏡なのです。

エネルギーを注入する

いいテーマを部下に与えても、当人が燃えてくれなければ仕事が成功しないのはいうまでもありません。物的な条件をすべてそろえてあげても同様です。

逆に、物的な条件は不十分でも、「どうしてもこの仕事をやらなければならない」というリーダーの夢を部下に一生懸命話し、自分と同じくらいのレベルまで部下の士気を高めることができれば、仕事は成功するだろうと思います。

これは、リーダーが持っている情熱、エネルギーを部下に注入するということです。部下が持っているエネルギーに、自分のエネルギーを注入することで、部下のエネルギーを自分と同等かそれ以上に高めていくのです。

「やれ」と命じて、「分かりました」と受けている程度では三割がた成功するかどうか、「頑張ります」と言って五割くらい。「これは自分の仕事なのでどうしてもやり遂げなければならない」という状態になるまで、部下のエネルギーを高めることができれば、九割がた成功すると思います。

部下が仕事に対して、どれくらいの情熱を持っているのかを把握し、持っていないとすれば、それを注入することもリーダーの仕事なのです。

評価し、登用し、フォローする

人を育てるとは、厳しく教えながら登用し、自信をつけさせていく、つまり場を踏ませるということです。

しかし、部下を登用するには、人物評価ができなければなりません。この人は役割を果たすのに十分な資質を持っているかどうかという、評価を下さなければならないのです。

それには、人間性と能力の両面からの評価が必要になってきますが、私の場合は、人間性の評価を優先しています。それは、人格が仕事に大きな影響を及ぼすからです。

さて、人を正しく評価し、責任の果たせる人間を配置するのですが、その場合でも私は決して任せっ放しにはしません。人には必ず長所、短所があるため、足りなかったり、欠落しているところを絶えず観察して、フォローしていきます。その人の短所は自ら補強するか、別の人間を補助に置くことによって補うのです。もちろん、欠落している部分を本人に指摘し、鍛え上げることも忘れてはなりません。

しかし何よりも、リーダー自身に部下を評価するだけの、素晴らしい人間性と、それに裏打ちされた卓越した能力が備わっていなければならないことはいうまでもありません。

大善をもって導く

リーダーは、愛情をもって部下に接していかなければなりません。しかし、その愛情は、いわゆる溺愛《できあい》であってはならないはずです。

〝大善と小善〟ということばがあります。

たとえば、かわいいからと子どもを甘やかし、そのために成長するに及んで、人生を誤ってしまうということがあります。逆に、子どもを厳しく教育し、しつけていくことによって、素晴らしい人生を歩むということもあります。前者を小善、後者を大善といいます。

職場においても、様々な上司がいます。その中には、部下の意見を聞き、若い人たちがやりやすいようにしてあげる優しい上司もいると思います。しかし中には、非常に厳しい上司もいると思います。

もし、信念もなく、部下にただ迎合している上司ならば、決して若い人たちのためになりません。それは若い人たちにとって楽ですが、その気楽さは彼らをだめにしていくはずです。長い目で見れば、厳しい上司の方が、部下は鍛えられ、はるかに伸びていくはずです。

「小善は、大悪に似たり」と言います。つまり、短絡的に良かれとすることが、本人にとって本当にいいことなのかどうか、リーダーは、部下への真の愛情を見極めなければなりません。

素晴らしいリーダーであるために

集団を幸福へ導く

リーダーとしての適格性を問うた場合、能力があり、人を統率する力もあり、人間性も素晴らしい、リーダーとして打ってつけだという方もおられることでしょう。

そのような方に理解していただきたい、重要なことがあります。それは、リーダーとしての才を、なぜ天があなたに与えてくれたのか、ということです。あなたでなければならない、という必然性はないわけです。誰か他の人であってもいいわけです。

私は、才能というものは、集団を幸福へ導くため、天が人間の世界に一定の割合で与えてくれた資質だと思っています。そのため、たまたま才能を授かった者は、それを世のため、社会のため、集団のために使うべきであって、自分のために使ってはならないと考えています。

言い換えれば、才能を持って生まれた人間は、天が与えてくれたリーダーとしての役割をまず果たさなければならないはずです。才能を誇り、傲慢《ごうまん》に振舞うリーダーであってはならないはずです。

天賦《てんぷ》の才を決して私物化してはなりません。謙虚で、自らの才を集団のために行使するリーダーであるべきです。

現状を改革し、創造する

リーダーは、常に創造的な心を持っていなければなりません。

常に新しい何かを求め、創造していくという考え方を持っていなければなりません。

クリエイティブな何ものかを常に集団に導入し続けていかなければ、その集団の継続した進歩、発展は望めないからです。現状に満足することは、退歩につながります。

現状維持でことを済ましていくリーダーの生き方は、集団にも同様の影響を与えます。このようなタイプの人がリーダーになったなら、これは集団にとって最も悲しむべきことです。

創造というものは、深く深く考え続け、考え抜くという苦しみの中から、ようやく生まれ出るものです。決して思いつきや、単なるアイデアから得られるものではありません。

創造的な心とは、持続した強い願望、それがもたらすあくなき追求心のことをいうのです。

ディープシンキング（深く考えること）、つまり苦しみ、もがき、のたうち回る中で生まれてくる、創造的なリーダーでなければなりません。

謙虚な姿勢を持つ

リーダーは、常に謙虚でなければなりません。

権力のある地位についたとたん堕落し、傲慢不遜《ごうまんふそん》になる人がいます。このようなリーダーの下では、たとえ一時的に成功したとしても、周囲の協力が得られなくなり、集団が永続的に成長発展していくことはないだろうと思います。

昨今、自己中心の価値観や自己主張を強く持った人が徐々に増えてきており、その結果、彼我の対立、激突が生じています。

一方、相手があって、自己が存在する、あるいは全体の一部として自己を認識するという、日本古来からの考え方があります。このような相対的な立場で、ものごとを認識することによってのみ、集団の融和と平和は保たれ、協調を図ることができるのです。

つまり、リーダーは、このように良き雰囲気、良き社会的土壌を集団の中につくるため、部下があってはじめて自分が存在するという、謙虚な姿勢を持たねばなりません。

このような謙虚な精神を持つリーダーであってこそ、融和と協調の下に、成長発展を続ける集団を築くことが可能となるのです。

判断のものさしを備える

リーダーは毎日、部下から様々なことで相談を受け、決断しています。また家に帰っても、奥さんから相談を受け、判断をしていることでしょう。

判断をするということは、問題を自分の中の〝ものさし〟と照らし合わせて決めるということです。

しかし中には、ものさしを持ち合わせていない人を見受けます。自分の尺度がないために、世間の常識や先例、他人の助言に自らの判断を委《ゆだ》ねてしまっているのです。

また、得手勝手なものさしを持っている人がいます。自分にとって損か得かということが判断の基準なのです。基準は確かに持っているのですが、利己的な判断をしてしまうのです。

人生は、ひとつひとつの判断の集積で成り立っています。正しい判断がなされていれば、素晴らしい人生を送ることができるでしょう。そのためには、ものさしとなるべき哲学を持たねばなりません。

その哲学とは、公正、正義、誠実といった、人間としての道理に基づいた考え方のことをいいます。これを、判断の基準、ひいては人生のものさしとしていかなければなりません。

健康な心身が公正な判断を生む

リーダーは、健康にも細心の注意を払わなければなりません。

それは、集団のトップとして決断を下すとき、自分の健康状態によって判断が異なるということでは困るからです。

つまり、ある決断を下すとき、健康を害して体の調子が悪ければ、体力がついていきそうにないので、本来とるべき道とは異なる方向に決断を下すということがあるからです。

このリーダーの私心が、集団を間違った方向へ導き、集団を不幸にさせるのです。

極論すれば、リーダーは、自分の健康、体力に気をつかわざるを得なくなったときには、もうその座を降りるべきだというくらいに私は思っています。その瞬間から公正で正しい判断はできない可能性があるからです。

長年の経験や知識を生かすならば、スタッフとして果たすことが可能です。

リーダーは、公明にして正大、誠実なる心をもって、判断ができ、決断を下すことのできる人、言い換えれば、いささかの私心もはさみこまない精神と健康な肉体を備えた人でなければならないのです。

自分自身を磨く

リーダーともなれば、忙しいとは思いますが、ぜひ自分を磨くようにしてほしいのです。

仕事に一生懸命励むのは素晴らしいことなのですが、それだけでは人間的にも技能的にも、職場のレベルに留まり、世間に通じない人間になってしまいます。

また世間を見る目がないために、相対的な、相手があっての自分という立場を見失ってしまうのです。相手との関係で、自分の認識がクリアーになっていくということを知らないために、独善的なドグマを形成してしまってはいないでしょうか。

仕事を一生懸命にしているから、立派なリーダーというのではなく、人間性、技能、見識を幅広く備えたリーダーであるべきです。

休日に書店に入って、タイトルをながめただけでも、自分が読むべきだと思う本はいくらでも出てくるはずです。月に二〜三冊くらいは、自分を向上させるために本を読むようにし、人間をつくっていくよう心がけることが必要です。

自分自身を高め、磨くことも、リーダーが自ら取り組むべき仕事のひとつです。

真の経営を行うために

次元の高い目的を持つ

経営の目的をどこに置くかということが重要です。私はなるべく次元の高いものであるべきだと思っています。

なぜ高い次元の目的意識が必要なのでしょう。我々は、経営に情熱を燃やし、エネルギーを高めていかなければならないのですが、お金が欲しいとか、名誉が欲しいという欲望は、強いエネルギーを持っている半面、必ず後ろめたさが伴います。この後ろめたさが、エネルギーを押し下げるわけです。

人間ですから、やはり大義名分が必要なのです。誰に聞かれても、自分の良心に照らしても、立派だと言えるだけの目的がなければならないのです。堂々と公言できる立派な目的であれば、誰に遠慮することなく、エネルギーを高めていくことができます。そのためにも、経営の目的は、次元が高い方が良いのです。

経営の目的は、経営者の人生観とも言い換えることができるでしょう。いびつな人生観から生まれる、狂ったような情熱は、一時的には成功につながることもあるでしょうが、やがては必ず失敗に結びつきます。

これに対して人生観や哲学が浄化され、立派なものになっていると、成功を収めた後、同じ要因で失敗するといったことはないと思います。

企業の目的に気づく

私は、会社を創業して一年たって、大変なことを始めてしまったということに気がつきました。

私たち創業メンバー八名は、自分たちの技術が世に認められるかどうか試してみたいと考え、会社を始めたのですが、最初に採用した若い人たちは、自分の一生を会社に託そうと思っていたのです。このギャップは、従業員にとって不幸な将来を招くことが予想されました。

そのため私は、「会社とは何か」ということについて、真剣に考えさせられました。会社を通じて人生に夢を描いている人たちの期待を絶対に裏切るわけにはいきません。そのとき以来私は、経営の基本を、自分の技術の試行ということから、「全従業員の物心両面の幸福の追求」と、「人類社会の進歩発展への貢献」に変えたのです。

つまり、会社で働く全員、またその家族を含めた人たちの生活を守り、幸せな人生を送ってもらうことをまずは経営の柱とし、そしてこれに留まらず、私たちの技術をもって科学技術の進歩に貢献し、また利益の一部を税金として納めることで、公共の福祉等に貢献し、人類の進歩の一助となることを目的としたわけです。

これ以外に、企業の目的はないと、私は思っています。

ベクトルをそろえる

人間は、個として生まれ、自由に生きているのですから、いろいろな発想をする人があってもいいと思います。組織においても、各人が全く自由な発想のもとに行動し、それでいて調和がとれているというのが、最高の姿だと思います。

しかし、私の経験からすれば、これは理想であって、実際のところは力がそろわず、決してうまくいくことはありません。歴史を見ても、勝手な連中が集まって長く栄えた集団はありません。

集団を構成する、個々の人々の志向が一致していないと、力が分散してしまい、大きな力を発揮し続けることができないからです。そのため、常に集団のベクトルをそろえておく必要があるのです。

ベクトルをそろえるとは、考え方を共有していこうということです。人間として考え行動していくための、最もベーシックな哲学をともにし、それを座標軸に、各人が持てる個性を存分に発揮していこうということなのです。

同好サークルならば、自由な発想と個性の発揮だけでいいでしょう。しかし、目的を持った集団（会社）であれば、価値観を共有してはじめて、達成への永続的、集中的な取り組みが可能となるのです。

本質を見極める

社会が複雑になってくれば、起こってくる現象も複雑になってきます。単に現象面だけを見ていきますと、高度に複雑になった社会現象に目を奪われて、本質を見失いがちですが、経営を行っていくにあたっては、現象の中にある本質を見極めることが重要です。

たとえば、日本列島改造論によって土地ブームが起こり、多くの会社が高騰《こうとう》を期待し、争って土地を購入しました。しかし私は、営々と汗を流して、ものをつくり、それを売って、利益を出すのだと自分に言い聞かせ、土地の購入は行いませんでした。

すると、後にオイルショックが起こり、資金が土地に寝てしまって、動きが取れない会社が続出しました。

そのとき私の会社は、流動性の高い資金を有し、金融収支もプラスで、新たに設備投資もできるというので、世間から高い評価を受けました。

私に将来が見えていたわけではありません。世の多くの人たちが、現象面にとらわれて、あまりに付和雷同《ふわらいどう》しすぎたのです。私は、何が正しいのかということを考え、自分の生き様をかたくなに守っただけなのです。

公明正大に利益を追求する

経営者は、自分の企業、集団のために、利益を追求しなければなりません。

これは決して恥ずべきことではありません。自由競争の原理が働いている市場において、堂々と商いをし、得た利益は正当なものです。厳しい価格競争の中で、合理化をし、付加価値を高める努力を払い、経営者とその集団が額に汗してかち取った利益ですから、堂々と得られてしかるべきです。

しかし、利益を追求するあまり、人の道として恥ずべき手段をもって経営を行ってはなりません。公明正大に、仕事を通じて、製品を通じて、自分たちの努力の成果として、高い利益を得るという、正道を歩むべきです。

人々の利益に反するような、卑劣な手段をもって、一攫《いっかく》千金を夢見るようなことがあってはなりません。石油ショックのころ、千載一遇とばかり、物を売り惜しみ、値をつり上げた企業がありました。しかし、今も成長発展を続ける企業の経営者に、あのとき我を忘れて、暴利をむさぼった者はいないはずです。もし、あったとすれば、その企業の余命はいくばくもないと私は思います。

お客様に喜んでいただく

企業が利益を追求する集団であることの意味をはき違え、自分たちだけが儲けんがため、という仕事の進め方をしているケースがあります。

これは絶対にあってはならないことです。社外の客先は当然ながら、社内の部門間であっても、相手に喜んでいただくということが商いの基本です。

私たちが納期に追われて一生懸命に働くのも、お客様が必要とされるときに品物を届けたいと思うからです。また、〝手の切れるような製品〟をつくらなければならないのも、お客様の要望に応えたいと思うからです。そして、お客様がさらに高い利益をあげられるように、新製品の開発を行わなければならないのです。全ては、お客様に喜んでいただくという一点から出ているのです。

自分たちの利益のみを考えるケースが今非常に多いようですが、そのように自己中心的にものごとを考えている人には、ビジネスチャンスは訪れにくいものです。素晴らしいビジネスができる人とは、相手が儲かるようにしてあげる人です。これがビジネスチャンスをもたらし、ひいては自分の利益も生むのです。

お客様に尊敬される

商いとは、信用を積み重ねていくことだと言われています。自分を信じてくれる者が増えてくると、儲けも多くなってくるというのです。また、〝儲け〟という字は、信じる者と書くのだとも言います。古くからこのように言われているのですが、私はまだこの先があるように思います。

もちろん、信用というものはベースです。いい品物を安く、正確な納期で、そして素晴らしい奉仕の精神でお客様に提供することで、信用は得られますが、売る側に徳性や人徳があるとしますと、それは信用を超えて、お客様から尊敬されるという状態になります。

私は商いの極意というものは、お客様から尊敬されることだろうと考えています。お客様から尊敬されるならば、価格の問題などで買う買わないという話にはなりません。無条件に買っていただけるはずです。

徳性とは、価格、品質、納期など、物理的なパフォーマンスを超えたところにある、商いをする人間が持つべき哲学です。言い換えるならば、人をして自然と敬服させるだけの器量です。これが備わってはじめて、素晴らしい商いをすることができるのです。

企業哲学を打ち出す

日本式経営が注目を浴びています。欧米からみれば、「なぜ、会社のために、社員が懸命に働いてくれるのか」が理解できず、きっと素晴らしいシステムがあるに違いないと考えているのです。

そうではありません。日本人の勤勉性は、勤勉を貫く思う日本古来の伝統的な価値観に基づいています。日本企業が優秀なのも、その価値観を持った中堅社員が、一生懸命に働いてくれるからです。

しかし、あと十年もすれば、豊かな時代に育った世代が企業でも中心を占め、個人主義が台頭してくるでしょう。そうすれば、アメリカ産業の没落が、個人主義の行き過ぎによる、仕事を愛する心の消失から始まったように、日本の各企業も衰退の道をたどっていくに違いありません。

個人主義のアメリカでも、ＩＢＭやヒューレットパッカードのように、企業の思想、哲学を懸命に説き、発展を続けている企業があります。日本の経営者も、古き良き時代の倫理観からくる社員の勤勉性に甘えることなく、若い社員に対して、働く意義、生きがいとなる企業哲学を打ち出し、共感を得るよう努力しなければ、アメリカ産業の没落を他山の石とすることはできません。

心をベースとした企業とするために

心が偉大な業績を生む

私は、人の心をベースにした経営を行ってきました。言い換えれば、どのようにすれば、強固で信頼しあえる心の結びつきというものを企業内において実現できるかということに、焦点を絞って経営を進めてきました。

愛されるためには愛さなければならないように、心をベースにした人間関係を築くには、素晴らしい心の持ち主に集まってもらえるような素晴らしい心を、経営者自らが持たねばなりません。

そう考え、私は経営者としてのわがままを自戒しています。私心をなくして、社員が心を寄せてくれる会社のために命をかける、というくらいの気持ちで仕事をしています。

確かに人の心ほど、はかなく移ろいやすく頼りないものもありません。しかし、世の中でこれくらい強固で重要なものもないのではなかろうかと思います。

歴史をひもといてみても、人の心の結びつきがもたらした偉大な業績は枚挙にいとまがありません。また逆に、人心の荒廃が、集団の崩壊をもたらした例も我々は数多く知っています。

心は心を呼ぶということを忘れてはなりません。

信頼は自らの内に築く

信じられる人間関係がなければ、企業経営は成り立ちません。

では、信じあえる人間関係とは、どのようにしてできるのでしょうか。私は、最初、信じられる仲間をつくろうと思いました。つまり、自分の外に、信頼関係を求めたのです。しかし、そうではありませんでした。自分自身の心が、誰からも信じてもらえるようなものでなければ、信じあえる人たちは集まってこないのだと気づきました。信じられる人間関係とは、自分の心の裏返しだったのです。

私も人に裏切られたことは、何回もあります。しかし、それでも構いません。人を徹底して信じていこうと考えています。自分自身の心が相手の信頼に足る心であるかどうかということを、常に自問自答しながら、自分の心をより良いものに高めていこうと思うのです。

たとえ、常に自分が損をしたとしても、人を信じていく、その中でしか信頼関係は生まれません。

信頼とは、外に求めるのではなく、自らの心の内に求めるものなのです。

思いやる心が信頼を勝ちとる

伸びている企業の経営者は、従業員はついてきてくれるものと思って、先頭を切ってどんどん仕事を進めておられると思います。

それは当然なのですが、後ろを振り返って、本当に従業員がついてきてくれているかどうかを確認することを忘れてはいけません。

従業員についてきてもらうためには、従業員が経営者を信頼し、あるいは信頼を超えて、尊敬してくれるという関係が必要です。そのためには、日常の心のふれあいを大切にしなければならないのです。

もちろん、忙しい日々を過ごす中で、全従業員と常に接触を保つのは不可能なことです。しかし、大上段に振りかぶるのではなく、従業員とのわずかな接触の場を大切にする、つまり一緒に食事をするとか、ねぎらいの言葉をかけてあげるといったことは可能です。その思いやりが従業員の心を打つのです。そして、それが永続することによって、社内に和が醸成《じょうせい》されることになるわけです。

もちろん、信賞必罰《しんしょうひつばつ》は必要です。しかし、厳しい姿勢の根底に、思いやりが垣間見られるような、経営者の行動があってはじめて、厳しい指示や要求も生きてくるのです。

企業を豊かにする

企業の利益と、経営者自身の利益を両天びんにかけた場合、常に経営者は企業そのものにウエイトが置かれるような倫理観を、持たねばなりません。

たとえば企業を上場する場合、従来の株主が持っている株式を市場に出していく方法と、企業が新しく株券を発行して市場へ出していく方法の二通りがあります。前者の方法をとると経営者をはじめ、株券を持っている人にプレミアムが入るのに対し、後者の方法では、プレミアムが全部企業の中に入ってくるわけです。

私の場合は、即座に新株発行の方法に決めました。それは、私が企業内において、パートナーシップ、つまり本当に信じあえる仲間のために、命をかけても惜しくないというような交わりを常に心がけ、そして社員もそれを理解し、一生懸命に働いてくれていたからです。

パートナーである社員の将来のために、企業そのものを豊かにし、企業が永遠に栄えるようにしなければなりません。これが経営者としてのベーシックなモラルです。

目標を高く持つ

会社がいかにあるべきかということについては、様々な議論がありますね。しかしその場合に、「どういう会社にしたいのか」という企業としての目標を抜きにしては何も語れません。

もし、それが「ナンバーワンをめざす」というような高い目標であるなら、それに至るプロセスも尋常ではないはずです。

企業経営を左右する要素には、見える部分と見えない部分があります。見える部分というのは、物理的に計算できる、資金力、技術開発力、機械設備などですが、見えない部分とは、企業のトップおよび従業員がかもし出す社風、哲学、理念などを言います。

これら全てが高い目標を達成するために機能するものでなければなりません。ナンバーワンの企業をめざすならば、（企業哲学、行動指針においても）超一流のものが求められるはずです。それは、経営者や従業員にとって、おそらく窮屈な思いをするものかもしれません。厳しい生き方を要求されるものかもしれません。

「一流の会社にしたい」「立派な会社で働きたい」と考えるならば、それにふさわしいプロセスがあり、経営者を含め、個々の社員にも自ずから果たすべき義務が生じることを忘れてはなりません。

世代を超えた共鳴を得る

経営者の哲学を社内に伝達するにあたり、年齢差や生活環境、人生経験の違いによって、理解にギャップが生じることがあります。

経営者と社員の間に年齢の開きがなかったならば、趣味や行動の面からもお互いに通じ合うことができ、その親しみやすさで社員を引っ張っていくことができるわけです。

しかし、親子ほどに年齢が開いて、経営者の哲学に時代背景が色濃く反映されればされるほど、若い人には理解されにくくなります。

若い人に理解してもらうためには、経営者の哲学に普遍性が必要です。人間共通の基盤がなければなりません。年代が離れていても、「人間として正しいこと」という、原理原則に立脚した哲学ならば、世代を超えて、必ず共鳴してくれます。

「最近は、安易な方向に流れ、働かない若者が多い」と嘆く人がいますが、自分の未来に夢を抱いて前進したいという思いは、世代を超えた共通項のはずです。

夢があり、興味を持つことができるならば、「どんなつらい仕事でもやろう」という若者は、決して少なくないと思います。この共通の基盤に訴えれば、必ず若い人も理解してくれると思います。

役割が職階を生む

私は会社を、企業経営という壮大なドラマを演ずる、「劇団」と考えています。

二枚目の男優と美人の女優が主役を演じ、それをとりまく切られ役や憎まれ役がいて、また裏方の大道具、小道具係、あるいは黒子、そして音楽や照明などの担当がいて、ひとつの劇が進行します。

役割が違うだけで、みんな平等です。しかし、平等だからと主役に黒子の衣装を着せても劇にはならず、役割に基づいて、主役はいい衣装を着て、いい格好をするだけのことなのです。

会社も同じです。社長であるのも役割なのです。主役が見すぼらしくては会社の体面にかかわるものですから、その役割にふさわしい車に乗ることも、交際をすることも必要でしょう。重責を担うにふさわしい待遇も必要なことでしょう。それは、そういう役割だからです。

しかし、社長だからといって、自分の勝手なご都合主義を通すというのは、役割を特権と勘違いしているのです。

たとえ、創業経営者であっても、勝手なことはしてはならないのです。平等があくまでも基本になければなりません。役割のために格差がついているに過ぎないのです。

新たな活路を開くために

厳しい課題を課す

「板子《いたご》一枚下は地獄」という言葉があります。

創業まもない企業の社員というのは、このような言葉で表わされるような、明日の保証がない、危機的状況の中で懸命に働いていたはずです。ところが会社が発展し、豊かな状態しか知らない、新しい世代が増えてくるにつれ、社員の働く姿勢、意欲が変質してしまいます。

それも当然かもしれません。鋼鉄製の船に乗った人に、「板子一枚下は地獄」の気分になれと言っても難しいと思います。危機的状況の中では、周囲の環境が怠惰を許さず、必死にならざるを得なかったのですが、設備もあり、資金もあり、という豊かで恵まれた環境で、ベンチャー精神を鼓舞して、新しい事業を起こすことは、精神的にははるかに過酷なことだと思います。

それでも、果敢にチャレンジするためには、環境に甘えることなく、自分を極限にまで追い込める精神力が必要です。

精神的に自分自身を追い込める人、つまり楽な方向へ流れようとする自分に、厳しい課題を課すことのできる真摯な人間性を持ち、真剣に自分の仕事で悩む人でなければ、この豊かな時代に、新たな活路を開くことはできないと思います。

仕事に酔う

ビジネスを成功させるには、夢を抱いてその夢に酔うということがまず必要だと、私は考えています。

一般には、事業を行う場合に、「自分のアイデアに酔ってはいけない」といわれています。緻密な収支計算、採算見込みのもとに進めなければならないのに、夢に酔ったような状態で事業を起こすから失敗するのだという人が多いのです。

しかし、踏み切るだけの動機をつけていく情熱が、まずは絶対に必要となるのです。

たとえば、第二電電（現ＫＤＤＩ）のような事業を始める場合、夢に酔えなかったら絶対にできるはずがないのです。膨大な投資を必要とし、それを誰も保証してくれないのですから、理性で判断しようとしても、絶対に「するな」という結論しか出てこないわけです。

それを踏み切らせるのは、「酔う」という状態であり、それがもたらす情熱なのです。どうしてもこの仕事がしたいという思いが、せきを切ったように行動に駆り立てるのです。

ただ、酔った状態は、行動に踏み切る直前までです。踏み切った瞬間に、酔うこととは正反対の理性で、具体的な方策について考え尽くさなければならないのは言うまでもありません。

動機善なりや

「動機善なりや」。私は、企業経営をする上で、こう自問することを常としています。

それは、新しい事業を展開する場合などに、「動機善なりや」ということを自らに問うのです。何かをしようとする場合、自問自答して、自分の動機の善悪を判断するのです。

善とは、普遍的に良きことであり、普遍的とは、誰から見てもそうだということです。自分の利益、都合、格好などだけでものごとは全うできるものではありません。その動機が自他ともに受け入れられるものでなければならないのです。

また、仕事を進めていくに当たって、「プロセス善なりや」ということをも問うています。結果を出すために不正な行為もいとわないということでは、いつかしっぺがえしを食らうことでしょう。実行していく過程も、人の道を外れるものであってはならないはずです。

言い換えれば、「私心なかりしか」という問いかけが必要なのです。自分勝手な心、自己中心的な発想で事業を進めていないかを点検するのです。

私は、動機が善であり、実行過程が善であれば、結果は問う必要はない、必ず成功すると固く信じています。

今日を懸命に生きる

私は、長期の経営計画を立てたことはありません。今日のことさえうまくいかず、明日も分からないのに、十年先が見えるわけがないと思っていたからです。

そのため私は、今日一日を一生懸命に過ごそう、そして今日一日一生懸命に仕事をし、さらに工夫を重ねれば、明日が見えてくるだろうと考えてきました。そして、その一日の連続が、五年たち、十年たつと、大きな成果になっているだろうというように考えたのです。

どうなるか分からない先のことを言うよりは、今日一日をパーフェクトに生きることの方が大事だという考えで、私は今まで研究をし、経営を行ってきました。

その結果、私は「今日を完全に生きれば、明日が見える」ということを断言することができます。逆説的ですが、この生き方を三十年も続けてきますと、先の変化が見えてきたのです。

これも、「一芸に秀でれば、すべてに通じる」ということなのでしょう。つまり、一生懸命生きることで万般に通じるものを体得することができるのです。将来を見通すということは、今日を生きることの延長線上にしかないのです。

仕事を考え尽くす

私は、新しい事業を展開するときに、不安とか心配を抱いたことは一度もありません。

もちろん、新規事業展開は、平坦な道ばかりではありません。一歩進めば壁に当たり、その壁を一つ一つクリアしていくということの連続です。しかし私は一抹《いちまつ》の不安も抱きませんでした。

それは、その事業が成功するということ、そしてその成功へ至るプロセスが見えていたからです。

うまくいく仕事というのは、最終ゴールまで見通しがきき、始める前から自信めいたものがあり、「いつか来た道」を歩いているようなイメージがわくものでなければなりません。

そのためには、常に仕事のことを考え続ける必要があります。疑問が一点も残らないいくらい考え抜くのです。頭の中でシミュレーションを徹底的にやり抜くのです。そうすると、ビジュアルな映像として頭に定着してきます。私は、それがカラーで見えるほど、鮮明でなければならないと考えています。

この「見える」ということが、成功に至る確信と、人をして行動せしめる強い意志力を生み、成功へと導くのです。

単純化して考える

経営者のところには、毎日いろいろな問題があがってきますが、経営者の耳に入るときには、相当に紛糾した状態となっていることが多いものです。

それを分析、解析し、次に打つべき手を考えなければならないのですが、もつれた糸みたいになっており、大変難しいのです。

それを解くには、紛糾している状態のまま解くのではなく、なぜその問題が起こったのかという、原点に戻らなければなりません。現状から一歩ずつさかのぼり、発端までたどってみるのです。すると、どういう変遷をたどって問題化したのかが、よく分かります。

問題化する以前の状態というのは、案外単純なものです。その単純な状態をベースにして、解決を図るのです。

下手な人は、もつれた状態のまま解こうとしますから、ますますもつれ、紛糾し複雑怪奇な様相を呈して、解決できなくなってしまいます。

やさしいことを複雑に考える人が多いのです。

たくさんの現象の中から、中枢を抽出できる能力が、経営においても、技術開発においても重要です。

人間性を基盤とする

企業の国際化、海外進出が急務となっていますが、これにあたり、忘れてはならないことがあります。

それは、インターナショナルな企業理念をつくりあげ、持つことです。これを持たないことには、いかに素晴らしいテクノロジーがあろうと、資本力があろうと、本当の意味での海外進出の成功はありえないと思います。

ジャパニーズウエイがいいとか、アメリカンウエイがいいとかという議論がありますが、そうではありません。国境を越えた、人間として共有できる理念が必要なのです。

そして、とりわけ現地の日本人リーダーには、現地人のマネージャーから現場の担当者に至るまでを、心から引きつける人間的魅力がなければなりません。単に技能に留まらず、人間性の面においても、この人には脱帽だという思いを、現地の人に抱かしめるようなリーダーであるべきです。

人間として共有できる理念の下に、言語、人種、歴史、文化の違いを超えて、自然と尊敬の念を抱かせるような、徳を備えたリーダーを置かなければ、海外での成功はありえないと思います。

撤退の決断をする

経営者の決断において、難しいことのひとつに、事業からの撤退という問題があります。ある事業が十分な収益を生まなかった場合、どこでやめるかということです。

少しばかりトライして退くようでは、何をやっても成果をあげることはできませんし、逆に深入りし過ぎては取り返しがつかなくなります。

私は、狩猟民族が獲物を追いかけるように、成功するまで追求を止めないということを原則としていますが、中にはやはり途中で撤退したものもあります。

その場合に、なぜそういう決断をしたのかといいますと、「刀折れ、矢尽きた」という精神状態であったからです。

物質的な要素はともかく、情熱がなければ、新しい事業や開発などできません。もし、情熱が尽きるような状態まで追求して、それでも成功しないのであれば、私は満足して撤退します。

根《こん》の限り戦うことが、まず前提です。しかし、全てが思い通りになるわけがありません。

そのときに、真の引き際が判断できなければなりません。

事業を伸ばすために

自らの常識を破る

どんなに経済変動が激しいときでも、常に利益率が五パーセントを示す企業があります。

五パーセントが利益率の常識だと、経営者自身が思っているからです。五パーセント以下には落としたくないという願望が、強く意識の中に入っており、五パーセントを割り込むことに対して、何らかのアクションをとらせ、大きな落ち込みにはならないのです。

その半面、五パーセントを超えようともしません。これがメンタリティの恐ろしいところで、落ち込むことへの抑制になっても、一〇パーセント、一五パーセントと、さらに引き上げようとする意識にはなりません。これ以上は、不可能だと思い込んでいるからです。

つまり、目標を常識に基づいて設定することにより、常識のレベルの利益率をあげることで満足してしまい、それ以上の向上を望まなくなってしまうのです。

固定概念に基づいて、経営を行ってはいけません。枠にとらわれない「心の自由人（野人）」でなければ、クリエイティブな発想も高収益も達成できるはずがありません。自らの常識を破り、自己を変革していくことが経営者には必要です。

値決めが経営を左右する

私は「値決めは経営だ」ということを言っています。

値決めにあたっては、市場で競争するのですから、市場価格より若干安いという価格になるはずです。市場価格より大きく下げて利幅を少なくして大量に売るのか、それとも市場価格よりあまり下げないで利幅を多くして少量を売るのか、その価格設定は無段階でいくらでもあるはずです。

つまり、量と利幅との積の極大値を求めるわけですが、これには様々なファクターが入り、簡単に解くことはできないのです。どれほどの利幅をとったときに、どれだけの量が売れるのかを予想するのは、非常に難しいものです。この値決めは、経営を大きく左右するだけに、私はトップ自らが行うべきものと考えています。

そうすると、どの値をとるかということは、トップが持っている哲学に起因してきます。強引な人は、強引なところで値段を決めるし、気の弱い人は気の弱いところで値段を決めるでしょう。

もし値決めによって会社の業績が悪くなるとすれば、それは経営者の器の問題であり、心の問題であり、経営者の持つ貧困な哲学のなせる業《わざ》だと私は思います。

価格は市場で決まる

私は、原価主義、つまり原材料費に諸費用を加え、利益を上乗せするという積み上げ方式で、価格を決定することはありません。

一般には、価格というものは、競争原理における市場メカニズムで決まってきます。つまり、お客様が価格を決めるのです。

そして、価格が市場において決定するならば、今度は製造コストを極小にもっていく努力をするのです。その製造コストと価格との差、それが利益です。ですから、製造コストを極小にするという努力は、利益を極大にすることにもなるのです。

製造コストを極小にするためには、材料費が何パーセント、人件費が何パーセント、諸経費が何パーセントといった、固定観念や常識は一切排除しなければなりません。

市場が求める価格と品質条件を満たす範囲で、最も安くできる方法を考えるのです。いかに安くつくるか、この一点に絞って、あらゆる費用を極小に近づけていくという作業をするのです。

お客様のニーズに応えるなかで、最大の利益をあげるよう努力をする。これが経営なのです。

日々損益計算書をつくる

経営を行うということは、大所高所に立ち、局面でツボを押さえていくことで成り立つような、いわば名人芸ではありません。もっと地道な日々の活動ではないかと考えています。

経営とは、大企業であれ、中小企業であれ、日々の数字の集積です。毎日の経費や売上げの積み上げなくして、経営はできません。

つまり、月末の損益計算書を見て経営を行うのではないのです。毎日のオペレーションの積み上げで、月次の損益計算書がつくられるのですから、日々損益計算書をつくっているのだという実感を持って経営に当たるべきです。

もし、毎日のオペレーションの数字を見ないで経営を行うとするならば、飛行機に乗って、その日一日計器を見ないで操縦をするということと同じです。飛行機はどこへ飛んでいき、どこへ着陸するのか、分からなくなってしまいます。

同様に、日々の経営から目を離したら、目標とするものに到達できるわけがありません。それでは経営にならないのです。

私は、損益計算書は経営者の毎日の生き様が累積した結果だと考えています。

私心を離れて利益を見る

経営者にとって、税金を払うことは身を切られる思いがします。一生懸命稼いで得た利益、それは売掛金などもあり、必ずしも現金で残ってはいないのですが、その半分以上を即金で払わなければならないのですから、税金とは過酷なものです。

これは、経営者にしか分からないのかもしれません。従業員にとっては、会社のお金ですから痛くもかゆくもないでしょう。しかし、経営者には、自分のお金をもぎ取られるように思えてしまうのです。そのため、税金を納めないがための小細工を始める経営者が出てくるのです。

もちろん、これは錯覚です。会社の利益は、決して経営者のものでありませんし、また税金は広く社会のために使われていくのですから、私心が入ったことによる見当違いの感慨でしかありません。

私は、このような錯覚に陥らないよう、経営はゲームだと考えるようにしています。つまり、利益をお金と考えず、得点と思うのです。そうすれば、第三者的に淡々と利益を見ることができるようになり、判断を誤ることはありません。

やはり、私心を離れること、それが経営のコツと言えるでしょう。

企業に肉をつける

「当社は、実はたいへん儲かっているが、ほどほどの利益にしている」という経営者の声を耳にします。つまり、高額の税金を払うのを嫌い、交際費など不必要な経費を大盤振舞いし、利益を少なくしているのです。

確かに利益が出ると、半分強は税金で持っていかれますが、残りの約半分は企業内に残るわけです。私は企業経営の本質を考えた場合、この税引後利益を大事にしなければならないと思うのです。

企業に肉をつけ、体力をつけるには、これを貯《たくわ》えていく以外に手はないのです。これが、企業に厚い内部留保と高い自己資本比率をもたらすのです。そのため、いくら税金がかかろうと、高い利益を確保するよう努めなければならないのです。

日本企業の自己資本比率が低いのは、税制のメカニズムによるといわれています。しかし、私は経営者の哲学の問題だと考えています。

私は、税金を経費と同じように考え、この税金を差し引いた残りを営々と企業内に蓄積してきました。その結果、厚い内部留保を実現することができ、それが企業の安定性と信頼性、そして何よりも従業員の雇用の確保をもたらしたのです。また、身についた体力があればこそ、新たな事業へのチャレンジも可能となるのです。

組織を問い直す

会社経営において、こういう組織がなければならないという発想は私にはありません。

たいていの経営者は、組織論であるとか、人事管理論の知識があるために、「こういう組織がいるものだ」と考えがちです。あるいは過去に遭遇した事象、経験をベースに、組織を設けるケースが一般的ではないかと思います。それが、無駄な組織を生むのです。

私は、現在会社が存在するために、そして今会社を効率的に運営していくために必要なものが組織であると考えています。そしてこの考えに基づいた組織をそのつどつくり、この機能を果たすために必要かつ最少の人員をそのつど配するのです。

組織があって経営が成り立つのではありません。経営を行うために必要な組織は何かという視点から考えるのです。

私は会社をつくったとき、経営の経験はありませんでした。また、経営についての常識や知識も持ち合わせませんでした。そのため、既成概念の問い直しから出発していかざるを得ませんでした。

ものの道理とはどういうことか、ものの本質とはどういうことか、ということを基準にして、経営を進めていくことが必要です。

目に見える目標を設定する

年間の売上目標を立てるときには、達成せんがための萎縮したものより、達成できなくとも、願望から発した高い目標を掲げるべきだと私は考えています。

そのため私は、目標が達成できないとしても、その結果だけを追及することはしません。しかし、未達成があまりに続きますと、社員の目標遂行能力が失われていきます。あるいは、社員の自信を失わしめてしまいます。やはり、目標を達成することが必要です。

目標を達成するには、全員が目標を共有化しなければなりません。目標に関心があるのはトップのみということでは、達成されないのは言うまでもありません。

組織の最小単位にまで目標を細分化することが必要です。そしてそれぞれが懸命に自分の目標を追求していくのです。各部門で目標が達成できれば、全体の目標もおのずから達成されていくはずです。

また、月々の目標も設定しなければなりません。累積された年間の数字を目標とすることは、あまりモチベーションになりません。

空間的にも、時間的にも、全員に〝見える〟目標でなければならないのです。

経営の王道を歩むために

経営に打ち込む

真の経営者とは、自分の全知全能、全身全霊をかけて経営を行っている人のことを言います。

どんなに素晴らしい経営手法や経営理論、経営哲学を頭で理解していても、真の経営者になれるわけではありません。

命をかけるくらいの責任感で毎日を生き、その姿勢をどのくらいの期間続けてきたかということで、経営者の真価が決まるのではないかと思います。

経営に対して、自分の全身全霊をかけて打ち込むということは、大変過酷なことです。もし、そういう打ち込み方をするならば、自分の時間も持てないでしょうし、体力的にも精神的にも耐えられないような重責が続くでしょう。

しかし、そういう状態を経験し、乗り越えてこなければ、真の経営者としての資質は、磨かれないのではなかろうかと思います。

世間ではよく、トップとナンバー2との間には、天と地ほどの差があると言われます。それは、まさに責任を感じて命をかけて仕事をしてきたか、それともサラリーマン的な存在として、判断をトップに委《ゆだ》ねてきたかの違いだろうと思います。

経営の姿勢を問う

私は、社員に厳しいことを要求してきました。それができるのは、私が世襲制をとらないからです。世襲型の企業であれば、その厳しい要求は、経営者一族の私利私欲から出たものだとしか、社員に受け取られません。

私が世襲制をとらないと決めているのは、二世が哲学を継承できるとは限らないからです。企業内にアイデンティティを確立していくのは哲学であり、その企業哲学の継承なくして、永続する発展はないと考えているからです。

私は、社員の中で、素晴らしい人格を備え、あふれる情熱を持ち、優れた能力を有し、会社の哲学を継承できる者に、会社の将来を託そうと考えています。

この世襲制をとらないということは、社員にとって、自分たちの会社であるということを意味します。経営者の言動、施策、ひいては会社の方針や哲学に、一片の私心もないと言い換えてもいいでしょう。それだけに、社員に厳しいことを要求もできるのです。社員も聞く耳を持ってくれるのです。

社員の働く姿勢、それは経営者の姿勢と同義なのです。

己れをつくる

成功した中小企業の経営者の方々には、勝ち気で闘志むき出しの方が多いようです。そのような方は、商機を見る目を持ち、気が利き、非凡な才覚を持ち、生き馬の目を抜くような商才にあふれています。

事業というのは、この才覚と商才さえあれば、だいたいうまくいきます。ただし、それだけでは破滅する可能性があります。

それは、才覚と商才だけに身をまかせて、当たるを幸い次から次へと手を打っていくからです。短期的にうまくいくことはあっても、非常に危なっかしい経営となります。これを「才に溺れる」と言います。己れ（魂）がなく才に使われてしまっているのです。

これに反して、才を召使いのように使う人がいます。高潔な人格を備え、徳を身につけた〝己れ〟が才能をコントロールしているのです。主人公は、あくまでも〝己れ〟でなければなりません。

最初から人格ができた人はなかなかいません。初めは闘志むき出しで、才覚と商才に頼っていいのですが、一生涯の業であるならば、次のステップとして、「徳」を高めて、〝己れ〟をつくっていくことが必要です。

心の修練を積む

経営者は、いかに多くの難しい問題について判断を迫られることでしょう。判断の連続が経営者の日常といっていいでしょう。

ことに当たって、「右をとるか、左をとるか」、その判断の難しいことは、有名な経営者であっても、考えあぐねて、占い師を訪ねたりすることがあるほどです。

しかし、経営者である限り、日常茶飯、判断を重ねていかざるを得ません。この判断を左右するのが、私たちの心や人生観なのです。

自己本位の人であれば、判断の基準は損得の一点に絞られるでしょう。また、優しい心根の人であれば、情にほだされて、ビジネスの一線を踏みはずすかもしれません。

戦時中、陸海軍を問わず、重責を担った将官クラスの中には、中国の古典に傾倒する人が多かったといいます。人智を超えたところで判断を迫られ、進むべきか退くべきか、神のみぞ知るという切羽つまった状況で命令を下さなければならず、彼らは人間の道について、そのような書に教えを仰ぎ、心の修練を積んだのです。

名将と呼ばれる人たちは、自分の心が判断の基準になることを知っていたに違いありません。

両極端をあわせ持つ

経営者は、バランスの取れた人間性を持たなければなりません。

事業では、常に決断を迫られます。あるときには、幹部から従業員、銀行まで一斉に反対される中で、なお、自分の信念に基づいて、「敵は幾万ありとても」の気概で断行することも必要でしょう。また、あるときは、一従業員の言葉に謙虚に耳を傾け、自分の計画を、勇気をもって取り下げる必要もあるでしょう。

つまり、慎重さと大胆さの両方が必要なのであって、大胆でも慎重でもない、中庸だという意味ではありません。決断を迫られる経営者に求められているのは、単なる円満な人柄ではないのです。

「一流の知性とは、二つの相対立する考えを同時に心に抱きながら、しかも正常に機能し続けられる能力をいう」と、アメリカの作家F・S・フィッツジェラルドが述べています。

つまり、従業員に対する接し方にしても、あるときには〝泣いて馬謖《ばしょく》を切る〟ごとく冷酷なまでに厳しく、あるときには仏のごとき人情味あふれる態度を示すことが、経営者には必要でしょう。

相反する両極端をあわせ持ち、局面によって正常に使い分けられる人格が、バランスのとれた人間性なのです。

正しきを貫く

トップたる者、決定を下していかなければなりません。そのときに、自己犠牲の精神がなければ、その決定は独りよがりのものとなってしまいます。

たとえば、次のような経営者がおられます。

貿易摩擦による自由化問題について、アンバランスな貿易収支を是正しなければ、国際的に日本は孤立してしまうという認識はあるわけです。そして、輸入自由化を日本は促進しなければならないということに関しても賛成なわけです。ところが、こと自分の業界に及ぶと、たちまちその声もトーンダウンし、ことによっては一転して反対に回るわけです。

総論賛成各論反対、あるいはタテマエとホンネという日本特有の現象です。

自己犠牲を払う勇気を持ち合わせないトップは、自らの集団、ひいては自分自身に不利な決定をしなくなってしまいます。それは結局、集団や社会にとって不幸をもたらします。

正しいことは正しいままに貫かねばならない、そのためには自らの損失もあえて辞さない、という勇気を持たねばなりません。

自己犠牲を通じて、経営者の資質が問われているのです。

大きな愛にめざめる

「あなたは、毎日遅くまで仕事をし、休日も走り回って、家庭サービスの時間もないから、奥さんやお子さんがかわいそうじゃないですか」と、多くの人が私に言います。

しかし私は、家庭を犠牲にしているとは思っていません。それは、家庭を守る、あるいは自分個人だけを守ればいいという小さな愛ではなく、多くの従業員を幸せにするという大きな愛を、私は使命と感じているからです。

しかし、この愛を他の人に強制することを、私は躊躇《ちゆうちよ》します。自分自身の真情の発露として、大きな愛にめざめたのでなければならないからです。自分ではそう思わない人に、この愛を強制すれば、〝会社に忠ならんとすれば、家族に孝ならず〟というジレンマに陥ってしまいます。

また、この矛盾を感じながら、家庭を放り出して仕事をしても、あまり成果はあがらないでしょう。

それでも私は、大きな愛にめざめた人が現われることを願っています。それは、集団に幸せをもたらす経営者というものは、このような大きな愛にめざめた人でなければならないと信じているからです。

苦労に値する代償を受ける

経営自体にミスや問題があれば、経営が悪化するのは当然です。しかし、素晴らしい経営を続けていても、円高のような国際経済の変動によって、大変なインパクトを受けることがあります。

つまり、万全な社内体制を備えていても、外部要因によってもし赤字に陥るならば、経営者は責任を問われることになります。

責任が重く、一瞬の気の休まりもなく、日常気の遠くなるような努力を継続してはじめて、当たり前と評価される――経営者とは、まじめにきちょうめんに考えれば考えるほど、割の合わない仕事なのかもしれません。

そのように常にテンションがかかった、厳しい生き様に値する代償を、経営者は得られるのでしょうか。私は得られると思います。

経営者が身を挺して努力をしているために、多くの社員が今日、また将来に希望をつないで生活しており、そのため経営者を信頼し、尊敬してくれているはずです。

この金銭では代えられない、人の喜びや感謝を受けているということこそ、何ものにも代えがたい、苦労に値する代償ではないかと、私は思います。

出版に際して

昭和三十四年、従業員二十八人で発足した京セラ株式会社（当時京都セラミック株式会社）は、今日、世界が注目する優良企業に成長した。その設立と成長の過程は、一つのドラマであるといえよう。

しかし、その目覚ましい成長、発展に眼を奪われて、そのことを可能とした最も根本的なテーマにまで掘り下げて考えないとすれば、私たちは重大な過ちを犯すことになる。

創業者の稲盛和夫名誉会長に率いられた京セラの経営は、今日のわが国の経営文化に新風を吹き込むとともに、第二次大戦後の奇蹟といわれる復興と高成長の中で、私たちがともすれば忘れがちであった人間としての、また日本人としての心のあり方を示しているように思われる。その意味で、京セラの経営の根底をなす経営理念は単なる企業の経営理念ではなく、私たちのあるべき生きざまにつながる、古くて新しい哲学ともいえよう。

平成元年、京セラ株式会社では、そうした哲学を社員教育のために社内書物としてまとめようと企画されていた。稲盛名誉会長が、社内や外部からの求めに応じて折りにふれて行った講話や講演の速記録を参考にしながら、自ら手を加えられてなった原稿は、氏が人生や仕事で悩み、苦しむ中で学んだことを、同じ道をたどる若い人のために、いわば膝詰めで説かれてきた教えを述べるものであった。ＰＨＰ研究所は、たまたま、この社内出版企画の相談にあずかる機会を得たが、原稿を読み進めるうちに、この哲学は京セラ社内だけではなく広く一般の方々にも普及することがきわめて大きな意義をもつと考えるようになった。

京セラの経営のほか第二電電（現ＫＤＤＩ）の創業にチャレンジしながら、多くの社会活動にも携わっておられる稲盛氏は、その超多忙と、企業活動を通じて世に貢献するのが企業人としての本筋であるということを理由に、出版をなかなか承諾されなかった。けれど、会社の若い人々を思う心が、いささかなりとも世の共感を得られるものであるならと、ついに懇請に応じていただけることになった。そして、過密スケジュールの中、寸暇を割いて加筆、推敲《すいこう》をさらに繰り返されたのであるが、そのご努力には、真底、頭の下がる思いを禁じ得なかった。改めて、心から感謝を申しあげたい。
簡潔な表現ながら、熱い心のこもった本書が、若い人たちはもちろん、この国の第一線で働く多くの専門家やリーダーの人々にも読みつがれ、生かされていくことを願ってやまない。

PHP研究所

この作品は、一九八九年五月にＰＨＰ研究所より刊行された

〈著者略歴〉
稲盛和夫（いなもり　かずお）
1932年、鹿児島生まれ。鹿児島大学工学部卒業。59年、京都セラミック株式会社（現京セラ）を設立。社長、会長を経て、97年より名誉会長を務める。また84年に第二電電（現ＫＤＤＩ）を設立、会長に就任。2001年より最高顧問。一方、84年に稲盛財団を設立すると同時に「京都賞」を創設。毎年、人類社会の進歩発展に功績のあった人々を顕彰している。他に、若手経営者が集まる経営塾「盛和塾」の塾長として、経営者の育成に心血を注ぐ。
主な著書に、『稲盛和夫の哲学』『成功への情熱』『敬天愛人』『日本への直言』、梅原猛との共著『新しい哲学を語る』（以上、ＰＨＰ研究所）、『ガキの自叙伝』『稲盛和夫の実学』（以上、日本経済新聞社）、『君の思いは必ず実現する』（財界研究所）などがある。

［新装版］心を高める、経営を伸ばす
素晴らしい人生をおくるために
2004年４月30日　第１版第１刷発行

著　　者　稲盛和夫
発 行 者　江口克彦
発 行 所　ＰＨＰ研究所
東京本部　〒102-8331　千代田区三番町３番地10
学芸出版部　☎03-3239-6221
普及一部　☎03-3239-6233
京都本部　〒601-8411　京都市南区西九条北ノ内町11
PHP INTERFACE　http://www.php.co.jp/
制作協力
組　　版　ＰＨＰエディターズ・グループ
印 刷 所
製 本 所　図書印刷株式会社

ISBN4-569-63638-1

PHPの本

稲盛和夫の哲学
人は何のために生きるのか

稲盛和夫

道端の石ころさえも宇宙にとって存在する意味がある――一代で世界企業を興した著者が、深い洞察と思索から導き出した「人生観」の集大成。

定価1,260円
（本体1,200円）
税５％

新しい哲学を語る

梅原猛／稲盛和夫 共著

道徳を忘れ、宗教心も失い、倫理なき社会に陥った日本。「哲学をベースにした社会」の構築こそ急務と説く憂国対論。

定価1,365円
（本体1,300円）
税５％

成功への情熱
PASSION

稲盛和夫

一代で京セラを造り上げ、次々と新事業に挑戦し、深い人生哲学を持つ稲盛氏。人生、ビジネスにおける成功への生き方・考え方を提唱する。

定価1,533円
（本体1,460円）
税５％